A PARTE ESPECIAL DA RESPONSABILIDADE CIVIL

Anotações ao Anteprojeto de Atualização do Código Civil

Dados Internacionais de Catalogação na Publicação (CIP)

A447p Almeida, Felipe Cunha de.

A parte especial da responsabilidade civil : anotações ao anteprojeto de atualização do Código Civil / Felipe Cunha de Almeida. – Porto Alegre : Livraria do Advogado, 2025.

115 p. ; 23 cm.

Inclui bibliografia.

ISBN 978-85-9590-141-4

1. Responsabilidade civil. 2. Direito civil. 3. Brasil. Código Civil (2002) - Atualização. I. Título.

CDU 347.51

Índice para catálogo sistemático:

1. Responsabilidade civil 347.51

(Bibliotecária responsável: Sabrina Leal Araujo – CRB 6/4287)

Felipe Cunha de Almeida

A PARTE ESPECIAL DA RESPONSABILIDADE CIVIL

Anotações ao Anteprojeto de Atualização do Código Civil

livraria
DO ADVOGADO
editora

Porto Alegre, 2025

Capa, projeto gráfico e diagramação
Livraria do Advogado Editora

Revisão
Rosane Marques Borba

Imagens da capa
br.freepik.com/vetores-gratis/fundo-abstrato-geometrico

Comércio de Livros dos Advogados Ltda.
Livraria do Advogado Editora
Rua Riachuelo, 1334 s/104
90010-273 Porto Alegre RS
Fone: (51) 3225-3311
livraria@doadvogado.com.br
www.livrariadoadvogado.com.br

Impresso no Brasil / Printed in Brazil

Aos estudiosos do Direito, que compreendem que a evolução da legislação não é um fim em si mesma, mas um meio para construir uma sociedade mais justa e equilibrada.

Aos advogados, juízes, professores e todos aqueles que, na teoria e na prática, moldam os rumos da responsabilidade civil, no sentido de que aquele ramo do Direito continue a ser um instrumento de justiça e reparação.

Aos que acreditam no poder do debate jurídico, no valor da crítica construtiva e na importância de acompanhar cada passo da evolução legislativa, pois sabem que a interpretação das regras e princípios é tão crucial quanto sua formulação.

E, por fim, aos que não temem o novo, mas o enxergam como um campo fértil para o aprimoramento do Direito e para o fortalecimento da dignidade humana.

Que esta obra sirva como reflexão, como estímulo ao conhecimento e como contribuição ao estudo da responsabilidade civil diante das mudanças que estão por vir.

Agradecimentos

Registro aqui minha mais sincera e emocionada gratidão ao Prof. Dr. Nelson Rosenvald, jurista cuja obra e trajetória acadêmica tanto admiro. Ainda me recordo com alegria e surpresa do acolhimento imediato que me foi dispensado quando, por *e-mail*, entrei em contato para compartilhar com ele meus livros sobre responsabilidade civil. Em um gesto generoso e encorajador, o Professor não apenas acolheu meu trabalho, como também, desde então, me convidou a integrar o Instituto Brasileiro de Estudos de Responsabilidade Civil – IBERC –, espaço que tanto tem me proporcionado aprendizado e crescimento.

Ter o Prof. Nelson como autor do prefácio desta obra é uma honra que guardarei com carinho e gratidão. Sua leitura sensível, sua confiança e suas palavras inaugurais emprestam ao livro a força e o prestígio de quem, com rigor e paixão, pensa e constrói o Direito Civil brasileiro.

Muito obrigado, Professor, por sua atenção, sua confiança e sua generosidade intelectual.

Prefácio

Sinto-me honrado em prefaciar o trabalho de Felipe Cunha de Almeida sobre a revisão da responsabilidade civil no Projeto direcionado à atualização do Código Civil de 2002.

O autor é Mestre em Direito Privado pela Universidade Federal do Rio Grande do Sul. Advogado e parecerista, com atuação no direito privado e processual civil, tendo escrito diversas obras, com nítida predileção pela responsabilidade civil, tema que domina, leciona e escreve com talento e dedicação.

A obra chega em boa hora, pois o Projeto de Revisão e Atualização do Código Civil encontra-se em discussão no Senado Federal (PL 4/25). Atuei na qualidade de Relator da Comissão de Responsabilidade Civil – tendo o prazer de trabalhar em conjunto com a Ministra Isabela Gallotti e a Juíza Patrícia Carrijo. Tivemos a preocupação em trazer ao público não apenas as propostas, mas a motivação de cada uma delas, lançando luzes para os seus méritos, contribuindo para o bom debate.

Vislumbramos uma sistematização da responsabilidade civil, tendo em vista o estágio atual da sociedade brasileira. O direito privado se encontra em um momento muito distante do estado da arte do final dos anos sessenta do século XX, época em que foi forjado o Código Civil. Trata-se de meio século que transformou a vida humana e os seus costumes de modo mais significativo que os últimos dois mil anos de civilização.

No entanto, especialmente em relação à responsabilidade civil, a lacuna se amplia. A comparação se dá entre aquilo que se pretende para o futuro e o Código Civil de 1916, já que nessa matéria os dispositivos do Código Civil em vigor reproduzem o conteúdo do seu antecessor, o Código Beviláqua, inovando apenas na inserção da cláusula geral do risco da atividade. Como observou o civilista Fernando Noronha logo após a vigência do Código Reale: "Temos um Código novo, mas que quanto a responsabilidade civil já nasceu velho".

Em resumo, há um desajuste temporal de mais de 100 anos, justamente na disciplina mais dinâmica do ordenamento. A responsabilidade civil da atualidade atua como repositório da ofensa a complexas situações patrimoniais, atenua efeitos danosos da violação de direitos da personalidade e das recentes pressões oriundas das tecnologias digitais emergentes. Ao mesmo tempo que a pressão sobre a responsabilidade civil cresce exponencialmente, constata-se que os 27 artigos do Código Civil dedicados à disciplina em muito se distanciam daquilo que se requer para uma aproximação aos instrumentos europeus mais recentes e com o elogiado Código Civil da Argentina de 2015. Com efeito, outros sistemas jurídicos funcionam como espelhos – vendo-se os outros, percebe-se melhor o que somos. Para suprir essa insuficiência normativa, as decisões dos Tribunais, de forma esparsa e assistemática em nosso país continental, têm forjado o arcabouço da responsabilidade civil, o que não parece guardar coerência com o nosso sistema baseado na *civil law*.

A responsabilidade civil requer ampla intervenção, como condição necessária para que o Código Civil mantenha relevância normativa em nosso ordenamento. Sem negar a centralidade da Constituição em nosso ordenamento, é imperioso resgatar o papel de coordenação do direito privado exercitado pelo Código Civil, no diálogo com os microssistemas. Ilustrativamente, CDC e LGPD incorporam importantes avanços, negligenciados no Código Civil, sobretudo no que concerne à multifuncionalidade da responsabilidade civil. Inclusive, esse é o maior propósito da reforma da responsabilidade civil no Código Civil da França.

Reconhecemos que, como qualquer obra humana, algumas inovações naturalmente merecerão lapidação no parlamento. A conveniência e oportunidade do câmbio legislativo é flagrante, pois a maior parte das demandas cíveis no Brasil – desde os juizados especiais até os tribunais – conecta-se ao tema da responsabilidade civil, sendo prioritário que a lei ofereça aos juízes e tribunais critérios objetivos e claros para a contenção de ilícitos e reparação de danos.

Nas palavras de Winston Churchill: "Construir pode ser a tarefa lenta e difícil de anos. Destruir pode ser o ato impulsivo de um único dia". Com efeito, singela é a missão dos que trazem ao espaço público escritos de um ou dois parágrafos cuja retórica é direcionada à desconstrução ampla, geral e irrestrita das propostas, com base no apelo emocional de jargões como "violação à estabilidade jurídica" ou "ofensa à livre iniciativa". Pelo contrário, a reforma da responsabilidade civil prioriza a convergência entre a segurança jurídica, a proteção da economia de mercado e a mais ampla tutela das vítimas de danos e da coletividade perante toda a sorte de ilícitos.

O certo é que há muito nos despedimos do mundo de Caio e Tício. O Código Civil em vigor mimetiza uma época em que os danos eram exclusivamente individuais e patrimoniais. Contudo, a realidade é outra. Os danos que relevam são metaindividuais e extrapatrimoniais, frequentemente anônimos, dispersos, catastróficos e, no limite, irreparáveis. Por certo, mais de que um monolítico sistema de contenção de danos, é hora de visualizarmos a responsabilidade civil como um sistema de gestão de riscos e contenção de comportamentos antijurídicos, no qual, para além da compensação de vítimas, será necessário prevenir e desestimular ilícitos, restituir lucros antijurídicos e premiar comportamentos meritórios. Urge ajustar as fundamentais diretrizes de Miguel Reale à complexidade dos nossos dias e as reformas em andamento em países que há muito pretendemos alcançar nos Índices de Desenvolvimento Humano.

Assim, parabenizo Felipe Cunha de Almeida pela iniciativa de trazer ao grande público luzes sensatas sobre a revisão e atualização do Código Civil, esperando que trabalhos como esse induzam a debates profundos sobre aquilo que desejamos para os próximos 50 anos da responsabilidade civil.

Belo Horizonte, maio de 2025.

Nelson Rosenvald

Professor do Doutorado e Mestrado do IDP/DF. Pós-Doutor em Direito Civil e Empresarial. Presidente Emérito do Instituto Brasileiro de Estudos de Responsabilidade civil (IBERC). Relator da Comissão de responsabilidade civil na reforma do Código civil. Advogado e parecerista.

Lista de siglas

AC .... Apelação Cível

AI .... Agravo de Instrumento

Art. .... Artigo

Arts. .... Artigos

CC/2002 ... Código Civil

CC/1916 ... Código Civil de 1916

CDC .... Código de Defesa do Consumidor

CF/88 .... Constituição Federal de 1988

CPC/1973 .. Código de Processo Civil de 1973

CPC .... Código de Processo Civil

CPP .... Código de Processo Penal

REsp .... Recurso Especial

RExt .... Recurso Extraordinário

STF .... Supremo Tribunal Federal

STJ .... Superior Tribunal de Justiça

Sumário

Introdução

Estamos em tempos de uma proposta de atualização do Código Civil de 2002, no entanto, há história sobre nossa legislação civil, como nos ensina o Ministro Luis Felipe Salomão, do Superior Tribunal de Justiça:

> As intensas mudanças na sociedade brasileira experimentadas ao longo do século XX, com modelos negociais e contratuais inovadores, passando pela engenharia genética, novos arranjos familiares com impactos no plano sucessório, a comunicação em tempo real proporcionada pela internet – agora disponível na palma da mão –, são apenas alguns poucos exemplos de fatos que indicam a necessidade de atualização das regras que regem as relações jurídicas no campo civil. O texto atual do Código Civil, que substituiu o Código de 1916, é fruto do trabalho de uma Comissão de Juristas de nomeada – liderada por Miguel Reale –, reunida no distante ano de 1969. No contexto seguinte de abertura política e da Assembleia Nacional Constituinte, o projeto tramitou por anos no Congresso Nacional até ser aprovado e, por fim, sancionado em 2002. Não obstante a plasticidade do Código Civil, bem como os reconhecidos e inovadores princípios da eticidade, operabilidade e boa-fé objetiva, o Diploma já foi alterado por 64 normas, havendo ainda mais de 50 propostas de modificação pendentes de apreciação. Em recente artigo depositado na Biblioteca Digital do Senado Federal, relembrei o histórico da codificação civil no Brasil e o papel do Superior Tribunal de Justiça em sua interpretação, realçando a necessidade de atualização do Código de 2002.[1]

E segue:

> Nesse passo, por meio do Ato n. 11, de 2023, o Presidente do Senado Federal, Senador Rodrigo Pacheco, instituiu Comissão de Juristas com o propósito de revisar e atualizar tal diploma, destacando que o texto de 2002 trouxe muitos avanços, mas o Código Civil "é como uma roupa que precisa crescer junto com o corpo que veste"2 . A Comissão de Juristas, instalada em reunião realizada em 4 de setembro de 2023, composta ao final por 37 membros e 6 consultores voluntários – renomados civilistas, professores da academia, advogados, membros do MP, magistrados, profissionais reconhecidos no Brasil e no exterior –, em sessão solene de 17 de abril de 2024, no Plenário do Senado Federal, entregou o relatório final aprovado, que inclui o anteprojeto de lei de revisão e atualização do Código Civil. Ao longo de 8 meses de trabalho, a Comissão enviou cerca de 400 ofícios a entidades representativas da sociedade civil, faculdades de direito,

[1] SALOMÃO, Luis Felipe. O anteprojeto de atualização do código civil no Brasil. In: STJ. Disponível em: https://www.stj.jus.br/sites/portalp/Paginas/Comunicacao/Noticias/2025/ArtigoCodigoCivil.pdf. Acesso em: 13 mar. 2025.

órgãos públicos e associações, com o objetivo de comunicar a abertura de prazo para sugestões, vindo 280 da sociedade civil, examinadas ao longo desse período, quando realizadas 4 audiências públicas, sem prejuízo de vários debates acadêmicos nas universidades e eventos jurídicos. Inúmeras contribuições de participação popular também chegaram pelo canal e-Cidadania.[2]

Sobre a importância de uma obra sobre a alteração do Código Civil, em especial atenção ao capítulo da *responsabilidade civil*, na parte especial, mesmo em fase de anteprojeto, diante de um processo legislativo ainda em andamento, pode-se questionar: por que discutir um anteprojeto antes de sua aprovação?

A resposta à indagação acima formulada reside na importância de buscar antecipar-nos e aprofundar-nos no debate jurídico sobre as atualizações propostas, permitindo que os estudiosos do Direito compreendam seus impactos antes da consolidação legislativa. Grandes mudanças não surgem de forma abrupta e definitiva, mas são fruto de discussões progressivas e aprimoramentos ao longo do tempo.

Estudar as alterações propostas ainda na fase do anteprojeto não apenas antecipa questões que inevitavelmente serão enfrentadas pela doutrina e pela jurisprudência, mas também contribui para o aperfeiçoamento das normas antes de sua promulgação. O Direito Civil, por sua natureza, regula relações de longo prazo e permeia todas as esferas da vida social. Modificações em sua estrutura podem gerar reflexos profundos na prática jurídica, exigindo um planejamento cuidadoso de sua implementação e interpretação.

A responsabilidade civil é um dos institutos mais dinâmicos e evolutivos do Direito Privado, sendo constantemente revisitado pelos Tribunais para se adaptar às novas realidades. O Código Civil de 2002 já sofreu inúmeras intervenções legislativas e interpretações inovadoras do Superior Tribunal de Justiça, revelando que seu texto original não se manteve estático diante das transformações sociais e econômicas.

Assim, o presente livro se justifica como um instrumento para compreender e questionar as mudanças propostas inseridas no anteprojeto, contribuindo para um debate acadêmico e prático mais qualificado.

O que será tratado nos comentários?

Este livro tem como objetivo analisar criticamente a atualização da responsabilidade civil no anteprojeto do Código Civil, comparando as propostas legislativas com o sistema vigente e com os entendimentos já consolidados na doutrina e na jurisprudência.

---

[2] SALOMÃO, Luis Felipe. O anteprojeto de atualização do código civil no Brasil. In: STJ. Disponível em: https://www.stj.jus.br/sites/portalp/Paginas/Comunicacao/Noticias/2025/ArtigoCodigoCivil.pdf. Acesso em: 13 mar. 2025.

Para organizar essa análise, a obra foi estruturada em três capítulos, cada um abordando um aspecto essencial da atualização do Código Civil de 2002.

O Capítulo 1 apresenta um panorama sobre a responsabilidade civil prevista pelo Código Civil de 2002 à luz da situação atual, considerando a parte geral e especial, em linhas gerais. Dialoga, também, com a dignidade da pessoa humana.

A seu turno, o Capítulo 2 aborda o Código Civil de 2002 e a estruturação da responsabilidade civil. Analisa o modelo de responsabilidade civil adotado pelo Código Civil, suas bases teóricas e as principais modificações interpretativas ao longo das últimas décadas. Concentra-se na parte geral em especial atenção aos arts. 186 e 205. Serão abordadas as principais súmulas e precedentes do STJ, que ajudaram a consolidar a aplicação prática das normas vigentes.

Em relação ao Capítulo 3, nosso objetivo será o de estudar e analisar as modificações propostas pelo anteprojeto. Este capítulo é dedicado à análise específica das alterações propostas para a responsabilidade civil, comentando cada dispositivo alterado, suas inovações e as possíveis repercussões para o sistema jurídico, no tocante à parte especial, que contempla o estudo dos arts. 927 a 953-A. A abordagem será crítica e comparativa, buscando não apenas compreender os novos dispositivos, mas também avaliar suas possíveis lacunas e desafios interpretativos.

Com essa estrutura, este livro pretende não apenas descrever as modificações legislativas propostas, mas também oferecer um olhar crítico sobre suas implicações.

Dessa forma, o presente estudo não se propõe apenas a acompanhar a atualização, mas a influenciar o debate sobre a responsabilidade civil no Brasil, contribuindo para a formação de um entendimento mais sólido e fundamentado sobre a matéria.

Registramos, por outro lado, que a proposta deste livro não é de entrar em polêmicas acerca da responsabilidade civil, tampouco fomentar discussões sobre modelos teóricos e abordagens divergentes. O objetivo central é, neste momento, o de apresentar, de forma clara e objetiva, as alterações trazidas pelo anteprojeto e contrastá-las com o Código Civil vigente, permitindo que o leitor compreenda de maneira sistemática os impactos das mudanças.

Por essa razão, os comentários aqui desenvolvidos partem da exposição literal das normas propostas e seguem com uma análise comparativa, sempre buscando destacar as inovações, os avanços e os desafios decorrentes da atualização do Código. A obra busca oferecer uma visão crítica, mas sem perder de vista que a reforma legislativa deve ser compreendida como um processo natural do Direito, que se ajusta às necessidades sociais e aos princípios constitucionais.

Dessa forma, este estudo destina-se a todos aqueles que lidam com o direito civil e a responsabilidade civil em sua prática profissional e acadêmica. Mais do que um espaço para debate, este livro se propõe a ser um instrumento de compreensão e análise técnica das mudanças propostas, facilitando a adaptação dos estudiosos do Direito às novas diretrizes que poderão integrar o ordenamento jurídico.

Contudo, antes de iniciarmos os nossos estudos, vale destacar as importantes considerações de Flávio Tartuce acerca das mudanças:

> Exposto todo o caminho de sua elaboração, devo deixar claro que não se trata da projeção de um "Novo Código Civil", mas apenas de uma ampla reforma, com atualizações fundamentais e necessárias, para que o Direito Civil brasileiro esteja pronto para enfrentar os desafios do século XXI, sobretudo frente às novas tecnologias e às mudanças pelas quais tem passado a sociedade, o que é mais do que necessário, é urgente e fundamental. Como tenho destacado, foram mantidos a organização, a estrutura e os princípios da atual Lei Geral Privada, em sua versão original, assim como dispositivos fundamentais, caso dos seus arts. 113 e 187, que não sofreram qualquer alteração. Na essência, foi modificado quantitativamente menos da metade do texto vigente, e muitas propostas foram de mero aperfeiçoamento da redação, com o fim de deixar mais clara a compreensão dos dispositivos na nossa realidade.[3]

Passaremos, a seguir, ao estudo do Código Civil no tocante às partes geral e especial.

[3] TARTUCE, Flávio. A reforma do Código Civil: visão geral e metodologia dos trabalhos da Comissão de Juristas. In: *A Reforma do Código Civil*: artigos sobre a atualização da Lei nº 10.406/2002. PACHECO, Rodrigo (org). Brasília, Senado Federal: Coordenação de Edições Técnicas, 2025, p. 49.

1. O Código Civil e as Partes Geral e Especial

O Código Civil de 2002 foi elaborado com uma estrutura cuidadosamente planejada para garantir clareza e coerência na aplicação das normas jurídicas que regem o direito privado brasileiro. Sua organização é dividida em duas grandes partes: a Parte Geral e a Parte Especial. Essa divisão não é meramente formal, mas atende a uma lógica que facilita a compreensão e a aplicação do Direito Civil no cotidiano.

Álvaro Villaça Azevedo ensina que tanto o Código Civil de 1916 como o de 2002 apresentam uma Parte Geral e uma Parte Especial. A primeira parte cuida, desenvolve, temas como a pessoa (seja natural ou jurídica), patrimônio e negócio jurídico. Portanto, é na Parte Geral que se estuda a Teoria Geral do Direito Civil, com capítulo também tratando sobre os direitos da personalidade.[4]

Já em relação à Parte Especial do Código Civil, existe certa repetição das normas, mas de forma específica (em relação às pessoas e os bens), através do Direito das Obrigações, Contratos, Responsabilidade Civil, Direito da Empresa, Direito das Coisas, Direito de Família e Sucessões.[5] E faz o mestre uma distinção de alta relevância:

> Deste modo, quando os direitos não são exercidos sobre a própria pessoa (direitos da personalidade), eles exercem-se fora dela, sobre um bem jurídico exterior, como se, figurativamente, esses direitos dela saíssem e fossem existir na própria sociedade.
>
> Esses bens jurídicos, exteriores à pessoa, que recebem a atuação de direitos, são, sempre, de valor econômico, sendo chamados de patrimoniais, que, por sua vez, se dividem em reais e obrigacionais, também conhecidos estes últimos por direitos pessoais ou de crédito.[6]

No contexto da responsabilidade civil, por exemplo, a articulação entre as duas partes (Geral e Especial) do Código é imprescindível. Como vimos anteriormente, a Parte Geral fornece os conceitos que orientam a interpretação das normas específicas da Parte Especial,

---

[4] AZEVEDO, Álvaro Villaça. *Teoria geral do direito civil: parte geral: curso de direito civil.* São Paulo: Atlas, 2012, p. 02-03.

[5] Idem, p. 02-03.

[6] Idem, p. 03.

garantindo que as decisões judiciais estejam pautadas em fundamentos sólidos e coerentes. No anteprojeto de atualização do Código Civil, essa lógica estrutural é mantida, justamente, assim entendemos, porque preservar essa divisão garante que os princípios fundamentais continuem a servir como base interpretativa para as situações específicas abordadas posteriormente.

Portanto, compreender a finalidade e a importância dessa dualidade entre Parte Geral e Parte Especial não é uma mera questão acadêmica, mas uma necessidade prática para assegurar a aplicação equilibrada e racional do Direito Civil. Ao analisar a responsabilidade civil no contexto da atualização do Código Civil de 2002, é fundamental reconhecer como os conceitos fundamentais da Parte Geral influenciam diretamente as decisões concretas que emergem na Parte Especial, reforçando a integração entre teoria e prática jurídica.

2. Responsabilidade e a atualização do Código Civil de 2002

2.1. Justificativa e os quatro eixos

Esta seção do livro encontra inspiração nas lições de Nelson Rosenvald acerca da atualizaçao do Código Civil, no tocante à responsabilidade civil. O mestre nos ensina sobre a revisão, apontando a sistematização da responsabilidade em três justificativas, em também em quatro grandes eixos..

O primeiro motivo está relacionado à função prática e estratégica da responsabilidade civil no sistema de justiça. Embora o ideal seja termos um Código Civil claro e acessível a todos, a verdade é que grande parte das normas sobre responsabilidade civil se dirige, na prática, aos magistrados. Afinal, boa parte dos litígios nos tribunais gira em torno da obrigação de reparar danos. Logo, se queremos reduzir a insegurança jurídica e conter o excesso de subjetividade nas decisões, precisamos oferecer aos juízes critérios mais claros e objetivos para identificar condutas ilícitas e calcular reparações.[7]

A segunda justificativa diz respeito ao papel do Código Civil como eixo organizador do direito privado. É claro que a Constituição Federal ocupa lugar central no ordenamento jurídico, mas o Código não pode ser deixado de lado. Ele precisa dialogar com legislações mais recentes, como o Código de Defesa do Consumidor, a CLT, a LGPD, entre outras. Muitas dessas normas tratam de aspectos que não estão devidamente sistematizados no Código Civil atual. Por isso, a atualização surge como oportunidade de consolidar essas transformações com maturidade e técnica, preservando o protagonismo da responsabilidade civil como instituto central no direito privado – assim como fez a França ao atualizar seu próprio Código.[8]

---

[7] ROSENVALD, Nelson. Breve exposição de motivos da reforma do Título IX – "Da responsabilidade civil". In: *Migalhas de Responsabilidade civil.* Disponível em: https://www.migalhas.com.br/coluna/migalhas-de-responsabilidade-civil/401218/da-responsabilidade-civil. Acesso em: 13 abr. 2025.

[8] Ibidem.

A terceira razão para a revisão responde a um argumento comum: a ideia de que a jurisprudência já teria suprido as lacunas do Código. No entanto, não podemos esquecer que, no sistema jurídico brasileiro – de tradição civilista –, as normas escritas ainda são a principal fonte do direito. Nossa jurisprudência, embora relevante, nem sempre se mantém estável ao longo do tempo. Por isso, uma legislação mais moderna e sistematizada dá maior previsibilidade às relações jurídicas, principalmente para os agentes econômicos, que precisam saber claramente quais são as regras do jogo.[9]

Diante desse cenário, e seguindo as lições de Nelson Rosenvald, propõe-se uma atualização da responsabilidade civil baseada em quatro grandes eixos.

O primeiro trata da organização dos fundamentos da responsabilidade. É preciso reunir, de forma lógica e harmônica, os critérios que fundamentam a obrigação de indenizar: a ilicitude, o risco da atividade e a responsabilidade por atos de terceiros ou por coisas. Além disso, é essencial trazer de forma explícita no texto legal os elementos clássicos da responsabilidade civil, como a culpa e o nexo de causalidade.

O segundo diz respeito à reestruturação do sistema de danos. A ideia é dar um tratamento mais técnico e preciso aos diferentes tipos de danos. Sugere-se aprimorar a forma como o dano patrimonial é calculado, além de reconhecer expressamente a figura da perda de uma chance. Seguindo tendências internacionais, propõe-se também ampliar o uso da reparação privada (*private enforcement*), permitindo que o lesado escolha entre diversas formas de recomposição. No campo dos direitos da personalidade, pretende-se unificar as diferentes espécies de danos extrapatrimoniais sob o guarda-chuva do "dano moral", garantindo maior amplitude e segurança. Além disso, o modelo bifásico de fixação do dano moral – idealizado no STJ pelo Ministro Paulo de Tarso Sanseverino – passaria a contar com amparo direto na legislação.[10]

Em terceiro, temos a ampliação das funções da responsabilidade civil. Embora a função principal continue sendo a reparatória, não se pode ignorar que os danos da sociedade atual muitas vezes afetam grupos inteiros, são extrapatrimoniais ou até mesmo de natureza difusa. Por isso, além de reparar, a responsabilidade civil deve prevenir e desestimular condutas ilícitas. Para isso, é importante definir critérios claros para a aplicação das funções preventiva e punitiva da responsa-

[9] ROSENVALD, Nelson. Breve exposição de motivos da reforma do Título IX – "Da responsabilidade civil". In: *Migalhas de Responsabilidade civil*. Disponível em: https://www.migalhas.com.br/coluna/migalhas-de-responsabilidade-civil/401218/da-responsabilidade-civil. Acesso em: 13 abr. 2025.

[10] Ibidem.

bilidade, equilibrando os poderes dos juízes e incentivando boas práticas por parte dos agentes econômicos.[11]

O quarto e último eixo guarda relação com a atualização da parte especial da responsabilidade civil, que deve contemplar temas específicos que demandam tratamento próprio, como a responsabilidade do Estado, das pessoas jurídicas, dos médicos e a responsabilidade nas fases pré-contratuais. Ao mesmo tempo, propõe-se a revogação de dispositivos ultrapassados, herdados do Código de 1916, que hoje já se encontram absorvidos pelas normas gerais de responsabilidade.[12]

Esses quatro eixos não apenas organizam o novo regime jurídico proposto, como também refletem valores fundamentais do direito privado contemporâneo, como a operabilidade, a eticidade e a socialidade – princípios consagrados por Miguel Reale e reafirmados na proposta de atualização. O equilíbrio entre proteção das vítimas, segurança jurídica e estímulo à conduta responsável está no cerne desse movimento de modernização.[13]

1.2.1. Ato ilícito, dano moral e o artigo 186

Clóvis Beviláqua diz se tratar o direito civil como um dos ramos do direito privado, este, "[...] o que organiza o conjunto das relações, que constituem a vida social do homem considerado como indivíduo."[14]

Sílvio Rodrigues, lecionando sobre a responsabilidade civil em momentos do Código Civil de 1916, observa que o legislador daquela época não sistematizou aquele ramo do Direito considerando que, naquele período histórico, "[...] a responsabilidade civil não havia alcançado, quer no campo teórico, quer no prático, a enorme difusão que passou a desfrutar mais tarde."[15]

Em relação à responsabilidade civil, Paulo Nader observa que aquela é um dos temas do Direito que vem ganhando relevância nos últimos tempos, objeto, inclusive, de "[...] intensa produção científica".[16] Humberto Theodoro Júnior, por sua vez, ensina que:

---

[11] ROSENVALD, Nelson. Breve exposição de motivos da reforma do Título IX – "Da responsabilidade civil". In: *Migalhas de Responsabilidade civil.* Disponível em: https://www.migalhas.com.br/coluna/migalhas-de-responsabilidade-civil/401218/da-responsabilidade-civil. Acesso em: 13 abr. 2025.

[12] Ibidem.

[13] Ibidem.

[14] BEVILÁQUA, Clóvis. *Teoria geral do direito civil.* 2. ed. Campinas: Servanda, 2015, p. 78.

[15] RODRIGUES, Sílvio. *Direito civil:* responsabilidade civil; v. 4. 20. ed. São Paulo: Saraiva, 2008, p. 3

[16] NADER, Paulo. *Curso de direito civil:* responsabilidade civil. 5. ed. V. 7. Rio de Janeiro: Forense, 2014, p. 3.

> Em direito civil, há um dever legal amplo de *não lesar* a que corresponde a obrigação de indenizar, configurável sempre que, de um comportamento contrário àquele dever de indenidade, surta algum prejuízo injusto para outrem, seja material, seja moral (CC, art. 186).[17]

Na sistemática do atual Código Civil, Nelson Nery Junior e Rosa Maria de Andrade Nery nos apresentam um sistema dualista da responsabilidade civil, ou seja, formado pela responsabilidade subjetiva, na forma do art. 186 (teoria da culpa),[18] e pela responsabilidade objetiva, nos termos do parágrafo único, do art. 927[19] (teoria do risco).[20]

Bruno Miragem, a seu turno, leciona que:

> A noção de responsabilidade é inerente ao Direito. Só há direito onde há cogência dos preceitos normativos, ou seja, onde é possível impor dever jurídico e assegurar seu cumprimento ou suas conseqüências a quem tenha violado o dever. Daí falar-se em responsabilidade.[21]

Segundo Fernando Noronha:

> A responsabilidade civil é sempre uma obrigação de reparar danos: danos causados à pessoa ou ao patrimônio de outrem, ou danos causados a interesses coletivos, ou transindividuais, sejam estes difusos, sejam coletivos *stricto sensu*.[22]

Pablo Stolze Gagliano e Rodolfo Pamplona Filho lecionam que:

> [...] a *noção jurídica de responsabilidade* pressupõe a atividade danosa de alguém que, atuando a *priori* ilicitamente, viola uma norma jurídica preexistente (legal ou contratual), subordinando-se, dessa forma, às consequências do seu ato (obrigação de reparar).[23]

Sobre o ato ilícito, Marco Aurélio Bezerra de Melo aduz que aquele "[...] é uma espécie do gênero fato jurídico que nasce da inobservância de um princípio ou regra de direito."[24]

Carlos Roberto Gonçalves ensina-nos sobre os quatro pressupostos da responsabilidade civil à luz da leitura do art. 186 do Código

---

[17] THEODORO JÚNIOR, Humberto. *Dano moral*. 8. ed. Rio de Janeiro: Forense, 2016, p. 1.

[18] Art. 186. Aquele que, por ação ou omissão voluntária, negligência ou imprudência, violar direito e causar dano a outrem, ainda que exclusivamente moral, comete ato ilícito.

[19] Art. 927. Aquele que, por ato ilícito (arts. 186 e 187), causar dano a outrem, fica obrigado a repará-lo. Parágrafo único. Haverá obrigação de reparar o dano, independentemente de culpa, nos casos especificados em lei, ou quando a atividade normalmente desenvolvida pelo autor do dano implicar, por sua natureza, risco para os direitos de outrem.

[20] NERY JUNIOR, Nelson; NERY, Rosa Maria de Andrade. *Código civil comentado*. 11. ed. São Paulo: Revista dos Tribunais, 2014, p. 1190.

[21] MIRAGEM, Bruno. *Responsabilidade civil*. 2. ed. Rio de Janeiro: Forense, 2021, p. 4.

[22] NORONHA, Fernando. *Direito das obrigações*. 4. ed. São Paulo: Saraiva, 2013, p. 451.

[23] GAGLIANO, Pablo Stolze; PAMPLONA FILHO, Rodolfo. *Novo curso de direito civil:* responsabilidade civil. 23. ed. São Paulo: Saraiva Jur, 2025, p. 7.

[24] MELO, Marco Aurélio Bezerra de. *Direito civil:* responsabilidade civil. OLIVEIRA, J. M. Leoni Lopes de; MELO, Marco Aurélio Bezerra de (org.). 2. ed. Rio de Janeiro: Forense, 2018, p. 21.

Civil de 2002: a ação ou a omissão, a culpa ou dolo do agente, o nexo de causalidade e o dano sofrido pela vítima.[25]

Interessante observar que, sobre o dano moral, já houve entendimento de que aquele significaria a dor moral, então, dor física.[26] Atualmente, estuda-se o dano moral sob duas correntes: a) objetiva, ou seja, lesão a direitos da personalidade; b) subjetiva, à luz do critério da dor, do sofrimento, como em outra oportunidade pudemos estudar e analisar.[27]

Sobre a corrente objetiva, assim decidiu o Superior Tribunal de Justiça:

> No que tange à reparação pela lesão extrapatrimonial, o dano moral se associa apenas a violações efetivas à dignidade humana, em algum de seus quatro corolários. Com efeito, se revela mais acertada e harmônica ao modelo constitucional pátrio a corrente objetiva, segundo a qual o prejuízo extrapatrimonial se caracteriza diante de ofensa a direito da personalidade em qualquer de suas espécies, prescindindo-se, assim, de eventuais perquirições atinentes a questões de foro íntimo da vítima.[28]

Contudo, na atual sistemática do Código Civil acerca das responsabilidades subjetiva e objetiva, Flávio Tartuce nos remete à importante discussão doutrinária justamente acerca dos pressupostos da responsabilidade civil e a *culpa*. Segundo as lições do mestre em referência, há quem entenda que o pressuposto da culpa seria exceção por força da responsabilidade objetiva, para outra corrente, subsistem os dois sistemas: culpa e risco.[29]

Em que pese nossa análise será em relação à parte especial da responsabilidade civil, alguns artigos da parte geral são importantes para o desenvolvimento de nossos comentários.

Pois bem, a proposta de atualização altera o formato do art. 186:[30]

> Art. 186. A ilicitude civil decorre de violação a direito.
>
> Parágrafo único. Aquele que, por ação ou omissão voluntária, negligência, imprudência ou imperícia, violar direito e causar dano a outrem, responde civilmente.

---

[25] GONÇALVES, Carlos Roberto. *Direito civil brasileiro:* responsabilidade civil. v. 4. 8. ed. São Paulo: Saraiva, 2013, p. 52.

[26] ALVIM, Agostinho. *Da inexecução das obrigações e suas consequências.* 5. ed. São Paulo: Saraiva, 1980, p. 220.

[27] ALMEIDA, Felipe Cunha de. As correntes subjetiva e objetiva do dano imaterial à luz da análise do agint nos edcl no aresp 1.713.267/SP. In: *Revista IBERC* v. 6, n. 3, p. 159-172, set./dez. 2023. Disponível em: https://revistaiberc.emnuvens.com.br/iberc/article/view/263. Acesso em: 17 abr. 2025.

[28] BRASIL. Superior Tribunal de Justiça. AREsp 2288177. Rel. Min. João Otávio de Noronha. Publicado em: 19/05/2023. Disponível em: https://processo.stj.jus.br/processo/dj/documento/mediado/?tipo_documento=documento&componente=MON&sequencial=182247268&num_registro=202300285048&data=20230519. Acesso em: 17 mar. 2025.

[29] TARTUCE, Flávio. *Responsabilidade civil.* 5. ed. Rio de Janeiro: Forense, 2023, p. 198-199.

[30] Redação atual: Art. 186. Aquele que, por ação ou omissão voluntária, negligência ou imprudência, violar direito e causar dano a outrem, ainda que exclusivamente moral, comete ato ilícito.

Na atualização, tem-se o *caput* seguido do parágrafo único. Sobre o *caput*, a redação revela que a ilicitude decorre de violação a direito. Nosso sentir, como já em momentos anteriores estudamos é que violação a direito, por si só, não implica na obrigação de indenizar conforme a doutrina e as decisões judiciais que à época observamos. Portanto, a antijuricidade não seria sinônimo de ato ilícito e dever de indenizar.[31]

Já o parágrafo único, assim como na redação do atual Código, parece estar em sintonia com a necessidade da comprovação do *dano* quando refere *violar direito e causar dano*. O texto acrescenta expressamente a *imperícia* na questão da culpa, contudo, as indenizações atuais já levam em conta a presença daquele dever de cuidado.[32]

A responsabilidade civil tem como fundamento a necessidade de restaurar o equilíbrio jurídico-social rompido pela prática de um ato ilícito. No entanto, esse conceito não permaneceu imutável ao longo do tempo. Se, em um primeiro momento, a noção de culpa ocupava posição central no direito reparatório, o desenvolvimento da sociedade e das relações econômicas ampliou o campo da responsabilidade civil, passando a abarcar hipóteses de responsabilidade objetiva, baseadas na teoria do risco.

No cenário contemporâneo, a dignidade da pessoa humana passou a exercer papel fundamental na conformação dos institutos ju-

[31] ALMEIDA, Felipe Cunha de. Responsabilidade civil: a passagem da reparação de danos à luz das diferenças entre a antijuridicidade, a ilicitude e o injusto. *Revista Síntese – Direito Civil e Processual Civil*, v. 23, p. 62-78, 2021.

[32] APELAÇÃO CÍVEL. RECURSO ADESIVO. RESPONSABILIDADE CIVIL. AÇÃO DE INDENIZAÇÃO POR DANOS MATERIAIS (PENSIONAMENTO) E MORAIS. ERRO MÉDICO. HISTERECTOMIA TOTAL ABDOMINAL. LESÃO. COMPROVAÇÃO. DEVER DE INDENIZAR POR DANOS MORAIS. PENSIONAMENTO DEVIDO. 1. A responsabilidade do médico, profissional liberal é apurada mediante a verificação da culpa, nas modalidades de negligência, imperícia e imprudência, na esteira do art. 14, § 4º, do CDC, cabendo ao autor comprovar os requisitos da responsabilidade civil, que são o ato ilícito culposo, o dano e o nexo causal entre o ato e o dano causado. 2. A farta prova produzida, notadamente os exames prévios e pós operatórios realizados na autora, a prova pericial e as duas cirurgias reparadoras sem êxito, demonstra o nexo causal entre a imperícia do réu, que durante a cirurgia de histerectomia total abdominal gerou uma lesão, fístula vesico-vaginal, causando incontinência urinária permanente. 3. Dano moral caracterizado. Agir negligente que ultrapassa o mero dissabor. *Quantum* Indenizatório mantido em R$ 25.000,00, considerando as peculiaridades do caso e com o fim de assegurar o caráter repressivo e pedagógico da indenização, sem constituir-se elevado bastante para o enriquecimento indevido da parte autora. 4. Juros de mora que incidem desde o evento danoso e correção monetária (IGP-M) a contar do arbitramento. Inaplicabilidade da SELIC. 5. Pensionamento devido, considerando que a autora restou inválida para a prática da atividade remunerada que exercia no campo. A percepção de beneficio previdenciário custeado pelo INSS não isenta o autor do ato ilícito de arcar com pensionamento, em vista da redução da capacidade laboral da vitima. 6. Honorários advocatícios majorados para 15% do valor da condenação, nos termos do art. 85, § 2º, do CPC, incluída a sucumbência recursal da parte adversa. recurso da ré desprovido e recurso da parte autora parcialmente provido, por maioria. (BRASIL. Tribunal de Justiça do Rio Grande do Sul. Quinta Câmara Cível. *Apelação Cível nº 50000293020118210127*. Rel. Desa. Isabel Dias Almeida. Julgado em: 24/04/2024. Disponível em: https://www.tjrs.jus.br/buscas/jurisprudencia/exibe_html.php. Acesso em: 18 jun. 2024).

rídicos, influenciando diretamente a interpretação e aplicação da responsabilidade civil. Esse princípio, consagrado no artigo 1º, inciso III, da Constituição Federal de 1988, não apenas orienta a interpretação do direito privado, mas também impõe um dever jurídico de proteção às vítimas, garantindo que a reparação dos danos sofridos seja integral e efetiva.

A responsabilidade civil, portanto, transcende a simples ideia de punição ou compensação monetária, ou de uma condenação. Ela se tornou um instrumento de efetivação dos direitos fundamentais, assegurando que o indivíduo não suporte sozinho as consequências de uma violação injusta de seus direitos. Inclusive, Daniela Courtes Lutzky nos ensina que:

> A reparação de danos reconhecida como um direito fundamental se aproxima das noções de respeito à essência da pessoa humana, às características e aos sentimentos da pessoa humana, à distinção da pessoa humana em relação aos demais seres. É, por certo, um sentido subjetivo, pois depende dos sentimentos da pessoa, das suas características físicas, sociais e culturais [...].[33]

Essa evolução permitiu que o instituto se expandisse para além da reparação individual, incluindo a tutela de interesses coletivos e difusos, como o meio ambiente, as relações de consumo e a proteção de dados pessoais.

Dos ensinamentos doutrinários apresentados, fica evidente que a responsabilidade civil se estrutura a partir do conceito de dano. Em princípio, sem o dano não há que se falar em dever de indenizar, pois o direito reparatório não se confunde com sanções penais ou administrativas.

O dano pode ser material ou extrapatrimonial, abrangendo tanto prejuízos econômicos concretos quanto danos morais, existenciais e estéticos, por exemplo. A ampliação da compreensão do dano tem permitido que a responsabilidade civil seja mais sensível às novas realidades sociais, atendendo demandas que, no passado, não eram sequer contempladas pela legislação.

Essa evolução reforça a ideia de que a função da responsabilidade civil não se restringe ao ressarcimento financeiro, mas também à dissuasão de condutas ilícitas e à proteção de direitos fundamentais. Assim, o instituto assume um papel preventivo, evitando que novas lesões ocorram e garantindo que a vítima receba um amparo adequado à sua situação específica.

---

[33] LUTZKY, Daniela Courtes. Necessidade de um verdadeiro olhar constitucional sobre a ação de reparação de danos imateriais. Minas Gerais: In: *Revista IBERC*, v.2, n.1, 28, jan.-abr./2019, p. 03. Disponível em: https://revistaiberc.responsabilidadecivil.org/iberc/article/view/22/19. Acesso em: 17 abr. 2025.

1.2.2. Prescrição: artigo, 189

Segundo a doutrina:

> A manutenção de situações jurídicas pendentes, indefinidamente, por lapsos temporais prolongados, importaria, sem dúvida, em insegurança e seria fonte de conflitos e prejuízos diversos. Consequentemente, surge a necessidade de controlar, temporariamente, o exercício de pretensões, propiciando segurança jurídica e pacificação social.[34]

Paulo Lôbo, por sua vez, alerta que: "A pessoa tem de exercer e exigir seu direito em tempo razoável, máxime quando se tratar de bens econômicos".[35]

Em relação ao texto relativo à prescrição, ela tem seu amparo no art. 189 do Código Civil.[36]

Sobre a prescrição, assim vem a redação proposta no anteprojeto, também mantido o número *189*:

> Art. 189. Violado o direito, nasce para o titular a pretensão que se extingue pela prescrição, nos prazos a que aludem os arts. 205 e 206.
>
> § 1º O início do prazo prescricional ocorre com o surgimento da pretensão, que decorre da exigibilidade do direito subjetivo.
>
> § 2º Ressalvado o previsto na legislação especial, nos casos de responsabilidade civil extracontratual, a contagem do prazo prescricional inicia-se a partir do momento em que o titular do direito tem conhecimento ou deveria ter, do dano sofrido e de quem o causou.
>
> § 3º Nas hipóteses do § 2º, quando o dano, por sua natureza, só puder ser conhecido em momento futuro, o prazo contar-se-á do momento em que dele, e de seu autor, tiver ciência o lesado, observado que, independentemente do termo inicial, o termo final da prescrição não excederá o prazo máximo de 10 anos, contados da data da violação do direito.

A proposta de alteração do artigo que trata da violação de direitos e do prazo prescricional representa um avanço significativo na sistematização da prescrição no âmbito da responsabilidade civil, especialmente no que diz respeito à contagem do prazo em casos de danos extracontratuais. A nova redação busca alinhar a legislação civil com princípios já consagrados na jurisprudência dos tribunais superiores, garantindo maior segurança jurídica e previsibilidade na fixação dos prazos.

A alteração mantém a regra geral sobre a violação de direitos e o surgimento da pretensão indenizatória, mas inova ao detalhar o

---

[34] FARIAS, Cristiano Chaves de; NETTO, Felipe Peixoto Braga; ROSENVALD, Nelson. *Novo tratado de responsabilidade civil.* São Paulo: Atlas, 2015, p. 411.

[35] LÔBO, Paulo. *Direito civil: parte geral.* 6. ed. São Paulo: Saraiva, 2017, p. 354.

[36] Art. 189. Violado o direito, nasce para o titular a pretensão, a qual se extingue, pela prescrição, nos prazos a que aludem os arts. 205 e 206 .

momento em que o prazo prescricional começa a correr. O primeiro aspecto relevante dessa mudança está na definição clara de que o prazo começa a ser contado a partir do momento em que o direito subjetivo se torna exigível. Essa sistematização é fundamental na responsabilidade civil, pois muitas vezes o dano ocorre em um momento distinto daquele em que a vítima pode exigir a reparação, especialmente em situações de danos ocultos ou progressivos.

Outra inovação essencial está na regulamentação expressa da teoria segundo a qual o prazo prescricional só começa a contar quando a vítima tem conhecimento do dano e de quem o causou.[37] Este entendimento, já amplamente adotado na jurisprudência, protege o lesado em situações nas quais o dano não é imediatamente perceptível. Garante, portanto, um tratamento mais justo e equilibrado na aplicação da prescrição.

Outro ponto relevante diz respeito aos danos que só podem ser conhecidos futuramente. A nova redação prevê que, nesses casos, o prazo será contado a partir do momento em que o lesado tomar ciência do dano e de seu responsável. Essa disposição traz previsibilidade ao sistema, ao mesmo tempo em que impõe um limite máximo para o exercício da pretensão indenizatória. O estabelecimento desse prazo

---

[37] PROCESSUAL CIVIL E ADMINISTRATIVO. ACÓRDÃO DA ORIGEM. OMISSÃO. INEXISTÊNCIA. PRESCRIÇÃO. NÃO OCORRÊNCIA. TEORIA DA ACTIO NATA. AÇÃO REIVINDICATÓRIA. VÍCIO NA DESAPROPRIAÇÃO. IMÓVEL INCORPORADO. PERDAS E DANOS. CONVERSÃO AUTOMÁTICA. POSSIBILIDADE. 1. Não existe a violação ao art. 1.022, II, do CPC, quando a Corte local examina os pontos controvertidos, ainda que de maneira contrária ao interesse da parte. 2. No caso, o Tribunal de origem examinou os dois pontos tidos por omissos no presente apelo especial, pois expressamente: a) entendeu, em resumo, que "tendo em conta a previsão legal expressa de conversão de ação reivindicatória em perdas e danos, não subsistem dúvidas quanto à possibilidade processual da conversão", razão pela qual a providência poderia ser adotada de ofício; e b) afastou a ocorrência de prescrição. 3. A orientação jurisprudencial do STJ é no sentido de que o termo inicial do prazo prescricional não ocorre necessariamente com a lesão ao direito, mas apenas quando o seu titular obtém pleno conhecimento do dano e de sua extensão. Precedentes. 4. A norma do art. 35 Decreto-Lei n. 3.365/1941 rege que "os bens expropriados, uma vez incorporados à Fazenda Pública, não podem ser objeto de reivindicação, ainda que fundada em nulidade do processo de desapropriação. Qualquer ação, julgada procedente, resolver-se-á em perdas e danos". 5. Como se extrai do comando normativo em discussão, sendo devida, em ação própria, a reivindicação de bem expropriado já incorporado à Fazenda, a solução da lide, necessariamente, resolver-se-á em perdas e danos, como decorrência da aplicação direta da lei. 6. A consequência jurídica (resolução em perdas e danos) para essas hipóteses é automática e ex lege, tornando desnecessário qualquer pedido nesse sentido, porque este (o pedido) é implícito à própria natureza da ação autônoma reivindicatória de bem expropriado. 7. A alegação da recorrente de que "quando arrematado o bem, ele já era de propriedade pública da União, ainda que não registrado, descabendo, portanto, qualquer indenização, visto que o autor detinha vários meios de ter – em diligência média – tido ciência de tal fato [...]" pressupõe o reexame de matéria fática, inviável nesta instância especial (Súmula 7/STJ). 8. Recurso especial parcialmente conhecido e, nessa extensão, não provido. (BRASIL. Primeira Turma. *REsp n. 1.972.156/RS*. Rel. Min. Gurgel de Faria. Julgado em: 03/9/2024. Disponível em: https://scon.stj.jus.br/SCON/GetInteiroTeorDoAcordao?num_registro=202103536529&dt_publicacao=17/09/2024. Acesso em: 08 abr. 2025).

máximo busca evitar que a pretensão reparatória permaneça indefinidamente aberta.

Essa proposta de alteração representa um avanço importante na regulamentação da prescrição na responsabilidade civil extracontratual. Ao consolidar a aplicação da teoria que vincula o início do prazo ao conhecimento do dano, a revisão protege as vítimas e alinha a legislação com a interpretação já consolidada dos tribunais. A criação de um prazo máximo para o exercício do direito da pretensão traz maior segurança jurídica para todas as partes envolvidas, mas sua aplicação em casos específicos pode exigir uma harmonização com princípios constitucionais e normas especiais que garantem a reparação integral dos danos.

O novo texto aprimora a clareza das regras sobre a prescrição na responsabilidade civil e fortalece o direito à reparação justa e efetiva. Entretanto, sua implementação exigirá cautela para evitar que limites temporais rígidos prejudiquem vítimas de danos tardios ou ocultos, exigindo uma interpretação que garanta o equilíbrio entre a segurança jurídica e a proteção dos direitos fundamentais.

1.2.3. Artigo 205

Em relação ao prazo máximo prescricional, que atualmente é o de dez anos,[38] a revisão sugere redução pela metade, ou seja, cinco anos, mantendo o mesmo número do artigo 205:

> Art. 205. A prescrição ocorre em cinco anos, quando a lei não lhe haja fixado prazo menor.
>
> Parágrafo único. Aplica-se o prazo geral do caput deste artigo para a pretensão de reparação civil, derivada da responsabilidade contratual ou extracontratual, e para a pretensão de ressarcimento por enriquecimento sem causa.

Percebemos que a proposta de alteração do artigo que trata da prescrição traz mudanças significativas na forma como os prazos são regulados no Código Civil. A principal alteração está na redução do prazo geral de prescrição, que passa de dez para cinco anos sempre que a lei não fixar prazo menor. Além disso, a norma unifica o prazo de prescrição para ações indenizatórias, abrangendo tanto a responsabilidade contratual quanto a extracontratual, e também estabelece um prazo único para pretensões de ressarcimento por enriquecimento sem causa.

No Código Civil vigente, o prazo prescricional geral é de dez anos para as pretensões que não possuam previsão específica. Já as ações de

[38] Art. 205. A prescrição ocorre em dez anos, quando a lei não lhe haja fixado prazo menor.

responsabilidade civil extracontratual seguem um prazo de três anos.[39] O enriquecimento sem causa, por sua vez, também tem o prazo de três anos,[40] e aplicado pelo STJ.[41] A proposta de revisão altera esse cenário ao fixar um prazo único de cinco anos para todas essas hipóteses.

---

[39] PROCESSUAL CIVIL. AGRAVO INTERNO NO AGRAVO EM RECURSO ESPECIAL. CONTRATO PARA CONSTRUÇÃO DE ESTAÇÃO DE COMPRESSÃO. GASODUTO. COMPETÊNCIA INTERNA, PRECLUSÃO. AUSÊNCIA DE NEGATIVA DE PRESTAÇÃO JURISDICIONAL. PRESCRIÇÃO DA PRETENSÃO. RESPONSABILIDADE CONTRATUAL. PRESCRIÇÃO DECENAL (CC, ART. 205). LAUDO PERICIAL. REGULARIDADE. REEXAME. INVIABILIDADE. SÚMULA 7/STJ. AGRAVO IMPROVIDO. 1. Não atacada no momento oportuno e por meio do recurso adequado a decisão que declinou da competência das Turmas da Primeira Seção, mostra-se inviável a rediscussão da matéria em sede de agravo interno interposto contra a decisão do recurso especial, em razão da preclusão. 2. Não configura negativa de prestação jurisdicional ou deficiência de fundamentação a hipótese na qual o acórdão recorrido se manifesta de maneira clara, precisa e completa sobre as questões relevantes do processo, com fundamentação suficiente para decidir de modo integral a controvérsia, apenas não acatando a tese defendida pela parte recorrente. 3. "Nas controvérsias relacionadas à responsabilidade contratual, aplica-se a regra geral (art. 205 do CC/02) que prevê dez anos de prazo prescricional e, quando se tratar de responsabilidade extracontratual, aplica-se o disposto no art. 206, § 3º, V, do CC/02, com prazo de três anos" (EREsp 1.280.825/RJ, Relatora Ministra NANCY ANDRIGHI, SEGUNDA SEÇÃO, julgado em 27/6/2018, DJe de 2/8/2018). 4. Na hipótese, ainda que adotado o termo inicial pretendido pela agravante e afastada a interrupção do prazo reconhecida na origem, não há como reconhecer a prescrição da demanda, uma vez que, quando do seu ajuizamento, em 15/07/2013, ainda não havia transcorrido o prazo decenal aplicável à hipótese. 5. Caso concreto em que, tendo o acórdão recorrido consignado expressamente que o laudo pericial foi elaborado levando em conta os dias em que houve comprovação da improdutividade em razão das chuvas excessivas, afastando-se os excessos alegados pela agravada, a pretensão de alterar tal conclusão demandaria o revolvimento do acervo fático-probatório dos autos, providência inviável em sede de recurso especial, a teor da Súmula 7/STJ. 6. Agravo interno a que se nega provimento. (BRASIL. Superior Tribunal de Justiça. Quarta Turma. *AgInt no AREsp n. 2.118.777/RJ*. Rel. Min. Raul Araújo. Julgado em: 20/5/2024. Disponível em: https://scon.stj.jus.br/SCON/GetInteiroTeorDoAcordao?num_registro=202201260978&dt_publicacao=04/06/2024. Acesso em: 08 abr. 2025).

[40] Art. 206. Prescreve: § 3º Em três anos: IV – a pretensão de ressarcimento de enriquecimento sem causa.

[41] 1. RECURSO ESPECIAL REPRESENTATIVO DE CONTROVÉRSIA. CIVIL. CONTRATO DE PLANO OU SEGURO DE ASSISTÊNCIA À SAÚDE. PRETENSÃO DE NULIDADE DE CLÁUSULA DE REAJUSTE. ALEGADO CARÁTER ABUSIVO. CUMULAÇÃO COM PRETENSÃO DE RESTITUIÇÃO DOS VALORES PAGOS INDEVIDAMENTE. EFEITO FINANCEIRO DO PROVIMENTO JUDICIAL. AÇÃO AJUIZADA AINDA NA VIGÊNCIA DO CONTRATO. NATUREZA CONTINUATIVA DA RELAÇÃO JURÍDICA. DECADÊNCIA. AFASTAMENTO. PRAZO PRESCRICIONAL TRIENAL. ART. 206, § 3º, IV, DO CÓDIGO CIVIL DE 2002. PRETENSÃO FUNDADA NO ENRIQUECIMENTO SEM CAUSA. 2. CASO CONCRETO: ENTENDIMENTO DO TRIBUNAL A QUO CONVERGE COM A TESE FIRMADA NO REPETITIVO. PRESCRIÇÃO TRIENAL. ENRIQUECIMENTO SEM CAUSA. PEDIDO DE RECONHECIMENTO DA PRESCRIÇÃO ÂNUA PREVISTA NO ART. 206, § 1º, II DO CC/2002. AFASTAMENTO. RECURSO ESPECIAL A QUE SE NEGA PROVIMENTO. 1. Em se tratando de ação em que o autor, ainda durante a vigência do contrato, pretende, no âmbito de relação de trato sucessivo, o reconhecimento do caráter abusivo de cláusula contratual com a consequente restituição dos valores pagos indevidamente, torna-se despicienda a discussão acerca de ser caso de nulidade absoluta do negócio jurídico – com provimento jurisdicional de natureza declaratória pura, o que levaria à imprescritibilidade da pretensão – ou de nulidade relativa – com provimento jurisdicional de natureza constitutiva negativa, o que atrairia os prazos de decadência, cujo início da contagem, contudo, dependeria da conclusão do contrato (CC/2002, art. 179). Isso porque a pretensão última desse tipo de demanda, partindo-se da premissa de ser a cláusula contratual abusiva ou ilegal, é de natureza condenatória, fundada no ressarcimento de pagamento indevido, sendo, pois, alcançável pela prescrição. Então, estando o contrato ainda em curso, esta pretensão condenatória, prescritível, é que deve nortear a análise do prazo aplicável para a perseguição dos efeitos financeiros decorrentes da invalidade do contrato.

A uniformização do prazo para a responsabilidade civil elimina a distinção entre a responsabilidade contratual e a extracontratual. Com a atualização, a contagem do tempo para buscar a reparação fica mais objetiva, sem a necessidade de debates doutrinários e jurisprudenciais para definir se a ação deve prescrever em três, cinco ou dez anos, conforme anteriormente pudemos estudar.[42]

---

2. Nas relações jurídicas de trato sucessivo, quando não estiver sendo negado o próprio fundo de direito, pode o contratante, durante a vigência do contrato, a qualquer tempo, requerer a revisão de cláusula contratual que considere abusiva ou ilegal, seja com base em nulidade absoluta ou relativa. Porém, sua pretensão condenatória de repetição do indébito terá que se sujeitar à prescrição das parcelas vencidas no período anterior à data da propositura da ação, conforme o prazo prescricional aplicável. 3. Cuidando-se de pretensão de nulidade de cláusula de reajuste prevista em contrato de plano ou seguro de assistência à saúde ainda vigente, com a consequente repetição do indébito, a ação ajuizada está fundada no enriquecimento sem causa e, por isso, o prazo prescricional é o trienal de que trata o art. 206, § 3º, IV, do Código Civil de 2002. 4. É da invalidade, no todo ou em parte, do negócio jurídico, que nasce para o contratante lesado o direito de obter a restituição dos valores pagos a maior, porquanto o reconhecimento do caráter ilegal ou abusivo do contrato tem como consequência lógica a perda da causa que legitimava o pagamento efetuado. A partir daí fica caracterizado o enriquecimento sem causa, derivado de pagamento indevido a gerar o direito à repetição do indébito (arts. 182, 876 e 884 do Código Civil de 2002). 5. A doutrina moderna aponta pelo menos três teorias para explicar o enriquecimento sem causa: a) a teoria unitária da deslocação patrimonial; b) a teoria da ilicitude; e c) a teoria da divisão do instituto. Nesta última, basicamente, reconhecidas as origens distintas das anteriores, a estruturação do instituto é apresentada de maneira mais bem elaborada, abarcando o termo causa de forma ampla, subdividido, porém, em categorias mais comuns (não exaustivas), a partir dos variados significados que o vocábulo poderia fornecer, tais como o enriquecimento por prestação, por intervenção, resultante de despesas efetuadas por outrem, por desconsideração de patrimônio ou por outras causas. 6. No Brasil, antes mesmo do advento do Código Civil de 2002, em que há expressa previsão do instituto (arts. 884 a 886), doutrina e jurisprudência já admitiam o enriquecimento sem causa como fonte de obrigação, diante da vedação do locupletamento ilícito. 7. O art. 884 do Código Civil de 2002 adota a doutrina da divisão do instituto, admitindo, com isso, interpretação mais ampla a albergar o termo causa tanto no sentido de atribuição patrimonial (simples deslocamento patrimonial), como no sentido negocial (de origem contratual, por exemplo), cuja ausência, na modalidade de enriquecimento por prestação, demandaria um exame subjetivo, a partir da não obtenção da finalidade almejada com a prestação, hipótese que mais se adequada à prestação decorrente de cláusula indigitada nula (ausência de causa jurídica lícita). 8. Tanto os atos unilaterais de vontade (promessa de recompensa, arts. 854 e ss.; gestão de negócios, arts. 861 e ss.; pagamento indevido, arts. 876 e ss.; e o próprio enriquecimento sem causa, art. 884 e ss.) como os negociais, conforme o caso, comportam o ajuizamento de ação fundada no enriquecimento sem causa, cuja pretensão está abarcada pelo prazo prescricional trienal previsto no art. 206, § 3º, IV, do Código Civil de 2002. 9. A pretensão de repetição do indébito somente se refere às prestações pagas a maior no período de três anos compreendidos no interregno anterior à data do ajuizamento da ação (art. 206, § 3º, IV, do CC/2002; art. 219, *caput* e § 1º, CPC/1973; art. 240, § 1º, do CPC/2015). 10. Para os efeitos do julgamento do recurso especial repetitivo, fixa-se a seguinte tese: Na vigência dos contratos de plano ou de seguro de assistência à saúde, a pretensão condenatória decorrente da declaração de nulidade de cláusula de reajuste nele prevista prescreve em 20 anos (art. 177 do CC/1916) ou em 3 anos (art. 206, § 3º, IV, do CC/2002), observada a regra de transição do art. 2.028 do CC/2002. 11. Caso concreto: Recurso especial interposto por Unimed Nordeste RS Sociedade Cooperativa de Serviços Médicos Ltda. a que se nega provimento. (BRASIL. Superior Tribunal de Justiça. Segunda Seção. *REsp n. 1.361.182/RS*. Rel. Min. Marco Buzzi. Relator para acórdão: Min. Marco Aurélio Bellizze. Julgado em: 10/8/2016. Disponível em: https://scon.stj.jus.br/SCON/GetInteiroTeorDoAcordao?num_registro=201300087025&dt_publicacao=19/09/2016. Acesso em: 08 abr. 2025).

[42] ALMEIDA, Felipe Cunha de; SARTORI, Emily Cristine de Vargas. Dano moral e prescrição à luz dos prazos previstos no código de defesa do consumidor e do código civil. In: *Responsabilidade civil em pauta*. PETRY, Alexandre Torres; BARBOSA, Eduardo Lemos; SILVA, Fernanda Pimentel da. (org). Porto Alegre: OAB/RS, 2023, p. 56-68.

A ampliação do prazo para ações extracontratuais de três para cinco anos pode ser considerada um avanço para a proteção das vítimas, pois confere mais tempo para buscar a reparação dos danos sofridos. Por outro lado, a redução do prazo para a responsabilidade contratual pode trazer desafios, especialmente em relações de longo prazo, nas quais o inadimplemento pode ser percebido tardiamente. Essa mudança pode impactar contratos bancários, de prestação de serviços e de consumo, exigindo maior atenção dos credores para evitar a perda do prazo.

A inclusão do enriquecimento sem causa na regra geral de prescrição também representa um avanço. A fixação de cinco anos para essa hipótese traz segurança jurídica e uniformidade, evitando interpretações divergentes.

Apesar dos benefícios da atualização, algumas questões podem gerar desafios na aplicação da nova regra. A redução do prazo para ações contratuais pode tornar mais frequente o ajuizamento de demandas preventivas, antes mesmo da ocorrência efetiva de prejuízo, apenas para evitar a prescrição. A ampliação do prazo para ações extracontratuais pode impactar setores que trabalham com gestão de riscos, como seguros e responsabilidade médica, pois o tempo maior para a propositura de ações pode gerar impactos financeiros nessas áreas.

A nova regra também precisa ser compatibilizada com legislações especiais que tratam de prazos prescricionais específicos, como o Código de Defesa do Consumidor e as normas ambientais. A harmonização dessas disposições será essencial para evitar conflitos na aplicação da prescrição.

A proposta de atualização do prazo prescricional simplifica a interpretação da prescrição e traz maior previsibilidade para as partes envolvidas. O novo prazo para a responsabilidade extracontratual amplia a proteção das vítimas.

A modernização das normas de prescrição deve ser conduzida com equilíbrio, garantindo que a celeridade na resolução dos litígios não comprometa a efetividade do direito de ação.

3. O anteprojeto e a parte especial da responsabilidade civil

3.1. Da nomenclatura do dano moral e extrapatrimonial

Decidimos inaugurar o capítulo três trazendo ao momento um estudo que anteriormente fizemos acerca da nomenclatura utilizada pela Constituição Federal, pelos Códigos, pela doutrina e pela jurisprudência. Muito utilizadas são as expressões *dano moral, dano imaterial, dano extrapatrimonial.*[43]

O estudo em questão nos permitiu chegar à seguinte conclusão:

> Em que pese a divergência de entendimentos em relação à adequada expressão (dano moral, dano imaterial, dano extrapatrimonial) duas são as conclusões que não podemos fugir. A primeira diz respeito à terminologia dano moral utilizada em nosso sistema jurídico nos termos da Constituição Federal, do Código Civil e do Código de Defesa do Consumidor, salvo a CLT que adotou a expressão dano extrapatrimonial. A segunda, por sua vez, independentemente da expressão a ser utilizada, seja no âmbito doutrinário, jurisprudencial, constitucional e infraconstitucional, é a de que a lesão a direitos da personalidade é a causa de pedir daquela espécie de dano. Portanto, é possível concluir que mesmo em se tratando de danos morais, danos imateriais ou de danos extrapatrimoniais, na verdade estamos tratando de condenações por ofensas a direitos da personalidade no âmbito do Direito Privado, e mesmo que se apresentem três expressões, parece-nos que tanto doutrina como jurisprudência se sintonizam na questão da configuração daquela espécie de dano como justamente visto nesta pesquisa: violação a direitos da personalidade. De sorte que, com base no estudo realizado neste artigo e respondendo à pergunta formulada na introdução é possível dizer que as expressões dano moral, dano imaterial e dano extrapatrimonial não se excluem ou se esgotam em si mesmas, mas, sim, se completam, respeitando, é claro, entendimentos diferentes ou em sentido contrário, com a ressalva de que, em relação às terminologias dano imaterial e dano extrapatrimonial a pesquisa desenvolvida neste trabalho não encontrou diferenças entre aquelas.[44]

[43] ALMEIDA, Felipe Cunha de. Danos morais, extrapatrimoniais e imateriais: terminologias e causas de pedir diferentes? In: *Revista Eletrônica da ESA OAB/RS*. v. 14, n.º. 2, 2023. Disponível em: https://admsite.oabrs.org.br/arquivos/file_65960ca0c5d05.pdf. Acesso em: 24 abr. 2025. OABRS: Porto Alegre, 2023.

[44] ALMEIDA, Felipe Cunha de. Danos morais, extrapatrimoniais e imateriais: terminologias e causas de pedir diferentes? In: *Revista Eletrônica da ESA OAB/RS*. v. 14, nº. 2, 2023. Disponível em:

Entretanto, da leitura da atualização, percebemos que além da expressão *dano moral*, também engloba *dano extrapatrimonial*:

> Art. 944-A. A indenização compreende também todas as consequências da violação da esfera moral da pessoa natural ou jurídica.
>
> § 1º Na quantificação do dano extrapatrimonial, o juiz observará os seguintes critérios, sem prejuízo de outros:
>
> § 3º Ao estabelecer a indenização por danos extrapatrimoniais em favor da vítima, o juiz poderá incluir uma sanção pecuniária de caráter pedagógico, em casos de especial gravidade, havendo dolo ou culpa grave do agente causador do dano ou em hipóteses de reiteração de condutas danosas.

Por sua vez:

> Art. 947. A reparação dos danos deve ser integral com a finalidade de restituir o lesado ao estado anterior ao fato danoso.
>
> § 2º Nos casos de dano extrapatrimonial, admite-se, a critério da vítima, a reparação in natura, na forma de retratação pública, por meio do exercício do direito de resposta, da publicação de sentença ou de outra providência específica que atendam aos interesses do lesado.

Continuando:

> Art. 948. No caso de morte, a indenização abrange, sem a exclusão de outras reparações:
>
> I – o ressarcimento de despesas relativas aos cuidados com a vítima no período entre a lesão e o seu enterro, despesas com o seu funeral, além da indenização dos lucros cessantes e pelos danos extrapatrimoniais sofridos pelo falecido antes da sua morte;
>
> III – os danos extrapatrimoniais indiretos ou reflexos sofridos pelos familiares, com precedência do direito à indenização ao cônjuge ou convivente e aos filhos do falecido, sem excluir aqueles que mantinham comprovado vínculo afetivo com a vítima, o que deve ser apurado pelo julgador no caso concreto.

Observamos, então, que a porta trazida pela revisão se abre para expressões ao dano não patrimonial. Fernando Noronha assim pondera:

> Seria bom que a linguagem jurídica fizesse um esforço para corrigir a imprecisão terminológica que prevalece na matéria. Há razões poderosas que contraindicam o uso da designação "dano moral" como sinônima de dano extrapatrimonial; seria conveniente que só se referissem como danos morais, stricto sensu, os que temos vindo a denominar anímicos.[45]

Portanto, um olhar sobre as diferentes expressões pode nos levar ao cuidado com o processo civil, ou seja: se o pedido é de condenação do réu por danos não patrimoniais, as causas de pedir podem ser diferentes, como no caso de quem entenda não ser sinônimo a expressão *dano moral* e *dano extrapatrimonial*.

---

https://admsite.oabrs.org.br/arquivos/file_65960ca0c5d05.pdf. Acesso em: 24 abr. 2025. OABRS: Porto Alegre, 2023, p. 15.

[45] NORONHA, Fernando. *Direito das obrigações*. 4. ed. São Paulo: Saraiva, 2013, p. 591.

3.1.1. Artigo 927

Em linhas gerais, sobre a obrigação de indenizar, Sílvio de Salvo Venosa, em atenção especial à palavra *responsabilidade,* explica que aquela é utilizada em situações que a pessoa física ou jurídica será responsabilizada por alguma forma prevista pelo Direito.[46] Significa dizer, portanto, que a responsabilidade civil enquanto *obrigação de indenizar* estuda o "[...] conjunto de princípios e normas que regem a obrigação de indenizar".

Pois bem, em relação à parte especial do anteprojeto, o art. 927 *caput* da presente codificação civil[47] conforme as lições de Carlos Alberto Menezes Direito mantendo a responsabilidade objetiva prestigia a responsabilidade objetiva conforme se observa de sua redação.[48]

Nas palavras de Maria Isabel Gallotti e Natasha Cardoso:

> No parecer da subcomissão de responsabilidade civil do Anteprojeto de Reforma do Código Civil, foram eleitas três justificativas centrais para as alterações: i) necessidade de um Código Civil simples e compreensível a todos; ii) necessidade de resgatar o papel de coordenação do Código Civil com outros sistemas do direito privado, como o CDC, CLT e a LGDP; iii) preocupação em cristalizar na lei muito mais do que se viu sedimentar na jurisprudência, estabelecendo critérios seguros de realização na justiça da responsabilidade civil.[49]

Em relação ao anteprojeto:

> Art. 927. Aquele que causar dano a outrem fica obrigado a repará-lo. Parágrafo único: Haverá dever de reparar o dano daquele:
>
> I – cujo ato ilícito o tenha causado, nos termos do parágrafo único do art. 186 deste Código;
>
> II – que desenvolve atividade de risco especial;
>
> III – responsável indireto por ato de terceiro a ele vinculado, por fato de animal, coisa ou tecnologia a ele subordinado.

O novo texto proposto para o art. 927 reforça e necessidade de quem causa dano a outra pessoa deve reparar o prejuízo. Mas o destaque da redação está no parágrafo único, que organiza de forma mais

---

[46] VENOSA, Sílvio de Salvo. *Código civil interpretado.* 2. ed. São Paulo: Atlas, 2011, p. 939.

[47] Redação atual: Art. 927. Aquele que, por ato ilícito (arts. 186 e 187), causar dano a outrem, fica obrigado a repará-lo. Parágrafo único. Haverá obrigação de reparar o dano, independentemente de culpa, nos casos especificados em lei, ou quando a atividade normalmente desenvolvida pelo autor do dano implicar, por sua natureza, risco para os direitos de outrem.

[48] DIREITO, Carlos Alberto Menezes; CAVALIERI FILHO, Sergio. *Comentários ao novo Código Civil:* da responsabilidade civil: das preferências e privilégios creditórios (arts. 927 a 965). 3. ed. v. XIII. TEIXEIRA, Sálvio de Figueiredo (Coord.). Rio de Janeiro: Forense, 2011, p. 50.

[49] GALLOTTI, Maria Isabel; CARDOSO, Natasha. O relevante papel do risco no Anteprojeto de Reforma do Código Civil e a responsabilização objetiva. In: *A Reforma do Código Civil*: artigos sobre a atualização da Lei nº 10.406/2002. PACHECO, Rodrigo (org.). Brasília, Senado Federal: Coordenação de Edições Técnicas, 2025, p. 107.

moderna e clara as hipóteses de responsabilidade civil, especialmente a responsabilidade objetiva, aquela que independe de culpa.

Sobre os incisos e suas hipóteses, o ato ilícito (inciso I), prevê que a pessoa que comete um ato ilegal ou abusivo, como previsto no parágrafo único do art. 186, será responsabilizada. Aqui, o foco está nos casos de dolo (intenção) ou abuso de direito.

Já sobre a atividade de risco especial (inciso II), mostra que quem exerce uma atividade que, por sua natureza, apresenta riscos maiores à integridade de terceiros – como empresas de transporte, hospitais ou indústrias químicas – responderá pelos danos causados, mesmo sem culpa direta. É uma forma de proteção preventiva da sociedade.

A responsabilidade indireta, a seu turno (inciso III), aponta que a previsão também abrange situações em que o dano é causado por terceiros, animais, coisas ou tecnologias que estejam sob responsabilidade de alguém. Pais por filhos menores, donos por seus animais, empresas por falhas em sistemas automatizados – todos podem ser chamados a indenizar, mesmo que não tenham causado o dano pessoalmente.

O novo art. 927 busca tornar mais clara a lógica da responsabilidade civil no Brasil, atualizando conceitos para abranger realidades modernas – como a responsabilidade por tecnologia e atividades de alto risco. A proposta reafirma o compromisso do Direito Civil com a proteção da vítima e a reparação integral do dano, mesmo quando a culpa direta não pode ser comprovada.

3.1.2. Artigo 927-A

> Art. 927-A. Todo aquele que crie situação de risco, ou seja responsável por conter os danos que dela advenham, obriga-se a tomar as providências para evitá-los.
>
> § 1º Toda pessoa tem o dever de adotar, de boa-fé e de acordo com as circunstâncias, medidas ao seu alcance para evitar a ocorrência de danos previsíveis que lhe seriam imputáveis, mitigar a sua extensão e não agravar o dano, caso este já tenha ocorrido.
>
> § 2º Aquele que, em potencial estado de necessidade e sem dar causa à situação de risco, evita ou atenua suas consequências, tem direito a ser reembolsado das despesas que efetuou, desde que se revelem absolutamente urgentes e necessárias, e seu desembolso tenha sido providenciado pela forma menos gravosa para o patrimônio do responsável.
>
> § 3º Sem prejuízo do previsto na legislação especial, a tutela preventiva do ilícito é destinada a inibir a prática, a reiteração, a continuação ou o agravamento de uma ação ou omissão contrária ao direito, independentemente da concorrência do dano, ou da existência de culpa ou dolo. Verificado o ilícito, pode ainda o interessado pleitear a remoção de suas consequências e a indenização pelos danos causados.

§ 4º Para a tutela preventiva dos direitos são admissíveis todas as espécies de ações e de medidas processuais capazes de propiciar a sua adequada e efetiva proteção, observando-se os critérios da menor restrição possível e os meios mais adequados para garantir a sua eficácia.

Nelson Rosenvald assim comenta o art. 927-A:

Em comum, todos os dispositivos ordenam a função preventiva da responsabilidade civil, ajustando o Código Civil ao direito comparado e a outras legislações brasileiras, como o Código de Defesa do Consumidor (CDC) e a Lei Geral de Proteção de Dados Pessoais (LGPD), além das futuras normas que tratem da temática, a final se o Código Civil não mais ostenta pretensão monopolista do direito privado – tal como nas codificações dos oitocentos – ainda reserva para si o papel de centralidade e coordenação do diálogo intrassistemático. Há consenso em que, no contexto das sociedades contemporâneas, as atividades humanas e empresariais são desempenhadas em alta escala, com forte intervenção sobre o meio ambiente natural e social, produzindo riscos a cada dia mais acentuados. Trata-se de um interessante ponto de partida para afirmar a responsabilidade civil como um sistema de gestão de riscos, permitindo que doutrina e jurisprudência desenvolvam soluções mais adequadas e eficientes perante riscos, ilícitos e danos que se multiplicam em uma sociedade tecnológica, complexa e plural.[50]

Entendemos que o anteprojeto de atualização do Código Civil de 2002, com a inclusão do art. 927-A, visa a estabelecer diretrizes mais claras e robustas para a prevenção e reparação de danos, enfatizando a responsabilidade e a boa-fé das partes envolvidas. Essa cláusula centraliza a responsabilidade em quem cria a situação de risco ou é responsável por mitigar os danos, obrigando essas partes a tomarem medidas preventivas. Isso reforça a obrigação de cuidado e diligência, ampliando a proteção às vítimas potenciais de danos.

Sobre os parágrafos que contemplam o artigo ora em análise, o parágrafo primeiro diz que toda pessoa tem o dever de adotar, de boa-fé e de acordo com as circunstâncias, medidas ao seu alcance para evitar a ocorrência de danos previsíveis que lhe seriam imputáveis, mitigar a sua extensão e não agravar o dano, caso este já tenha ocorrido.

Aqui, o foco está na boa-fé e na responsabilidade proativa das pessoas em evitar e mitigar danos. A ênfase na boa-fé e nas circunstâncias específicas reforça a necessidade de avaliação contextual e a responsabilidade individual em evitar que os danos ocorram ou sejam agravados.

O segundo parágrafo dispõe que aquele que, em potencial estado de necessidade e sem dar causa à situação de risco, evita ou atenua suas consequências, tem direito a ser reembolsado das despesas que efetuou, desde que se revelem absolutamente urgentes e necessárias, e

[50] ROSENVALD, Nelson. Função preventiva da responsabilidade civil no Anteprojeto de Reforma do Código Civil. In: *A Reforma do Código Civil*: artigos sobre a atualização da Lei nº 10.406/2002. PACHECO, Rodrigo (org.). Brasília, Senado Federal: Coordenação de Edições Técnicas, 2025, p. 137-138.

seu desembolso tenha sido providenciado pela forma menos gravosa para o patrimônio do responsável.

Trata, portanto, do reembolso de despesas para quem, agindo em estado de necessidade e sem ser culpado pela situação de risco, toma medidas para evitar ou mitigar os danos. A necessidade de que as despesas sejam urgentes e necessárias, e realizadas da forma menos onerosa, assegura que o ressarcimento seja justo e adequado.

A seu turno, o terceiro parágrafo prevê que, sem prejuízo do previsto na legislação especial, a tutela preventiva do ilícito é destinada a inibir a prática, a reiteração, a continuação ou o agravamento de uma ação ou omissão contrária ao direito, independentemente da concorrência do dano, ou da existência de culpa ou dolo. Verificado o ilícito, pode ainda o interessado pleitear a remoção de suas consequências e a indenização pelos danos causados. Este parágrafo reforça a importância da tutela preventiva, independentemente de dano efetivo ou culpa. A possibilidade de buscar a prevenção de ilícitos, remoção de suas consequências e indenização pelos danos causados amplia a proteção legal e incentiva a conformidade com a lei.

Segundo Felipe Braga Netto:

> A tutela inibitória tem natureza preventiva e busca impedir a prática de um ilícito, ou a continuação de seus efeitos. Aliás, o abuso de direito é um ato ilícito que independe do dano (justamente porque seu efeito não é, necessariamente, o dever de indenizar, a responsabilidade civil).[51]

Já em relação ao quarto e último parágrafo, para a tutela preventiva dos direitos são admissíveis todas as espécies de ações e de medidas processuais capazes de propiciar a sua adequada e efetiva proteção, observando-se os critérios da menor restrição possível e os meios mais adequados para garantir a sua eficácia.

Este parágrafo finaliza o artigo destacando a flexibilidade e a amplitude das ações e medidas processuais disponíveis para a tutela preventiva de direitos. A ênfase na menor restrição possível e na eficácia das medidas garante que a proteção dos direitos seja efetiva e justa, sem imposições excessivas ou desproporcionais.

A inclusão do art. 927-A no Código Civil de 2002 representa um avanço significativo na proteção de direitos e na responsabilização daqueles que criam ou gerenciam situações de risco. A ênfase na prevenção, na boa-fé e na reparação justa dos danos reflete uma abordagem mais proativa e equilibrada, que busca mitigar riscos e proteger os direitos das partes envolvidas de maneira justa e eficaz.

---

[51] NETTO, Felipe Braga. Os ilícitos civis no projeto de reforma do código civil. In: *Revista IBERC*, v. 8, n. 1, p. 30-79, jan./abr. 2025, p. 61. Disponível em: https://revistaiberc.responsabilidadecivil.org/iberc/article/view/337/275. Acesso em: 08 abr. 2025.

O parágrafo único do art. 927 do Código Civil de 2002 nos apresenta para o que a doutrina denomina de "[...] cláusula geral de responsabilidade objetiva por atividade de risco".[52]

3.1.3. Artigo 927-B: da obrigação de indenizar

O anteprojeto de atualização do Código Civil de 2002, a seu turno, com a inclusão do art. 927-B, aborda a responsabilidade objetiva e a obrigação de reparar danos independentemente de culpa em determinadas situações:

> Art. 927-B. Haverá obrigação de reparar o dano independentemente de culpa, nos casos especificados em lei, ou quando a atividade desenvolvida pelo autor do dano implicar, por sua natureza, risco para os direitos de outrem.
>
> § 1º A regra do *caput* se aplica à atividade que, mesmo sem defeito e não essencialmente perigosa, induza, por sua natureza, risco especial e diferenciado aos direitos de outrem. São critérios para a sua avaliação, entre outros, a estatística, a prova técnica e as máximas de experiência.
>
> § 2º Para a responsabilização objetiva do causador do dano, bem como para a ponderação e a fixação do valor da indenização deve também ser levada em conta a existência ou não de classificação do risco da atividade pelo poder público ou por agência reguladora, podendo ela ser aplicada tanto a atividades desempenhadas em ambiente físico quanto digital.
>
> § 3º O caso fortuito ou a força maior somente exclui a responsabilidade civil quando o fato gerador do dano não for conexo à atividade desenvolvida pelo autor do dano.

Segundo Nelson Rosenvald: "Relativamente à responsabilidade civil por risco da atividade, a CJCODCIVIL redesenhou o parágrafo único do art. 927, agora renumerado como artigo 927-B, disciplinando a matéria de maneira mais abrangente".[53]

Haverá obrigação de reparar o dano independentemente de culpa, nos casos especificados em lei, ou quando a atividade desenvolvida pelo autor do dano implicar, por sua natureza, risco para os direitos de outrem.

Esta disposição estabelece a responsabilidade objetiva, ou seja, a obrigação de reparar danos sem necessidade de comprovação de culpa, em duas situações principais: a) Nos casos especificados em lei; b) Quando a atividade desenvolvida implica, por sua natureza, risco para

---

[52] SCHREIBER, Anderson; TARTUCE, Flávio; SIMÃO, José Fernando; MELO, Marco Aurélio Bezerra de; DELGADO, Mário Luiz. *Código civil comentado:* doutrina e jurisprudência. Rio de Janeiro: Forense, 2019, p. 616.

[53] ROSENVALD, Nelson. A disciplina da responsabilidade civil por risco da atividade na reforma do Código Civil. In: *Migalhas: Reforma do Código Civil.* Disponível em: https://www.migalhas.com.br/coluna/reforma-do-codigo-civil/407672/responsabilidade-civil-por-risco-da-atividade-na-reforma-do-cc. Acesso em: 17 abr. 2025.

os direitos de outras pessoas. A inclusão deste artigo reforça a proteção das vítimas de danos, transferindo o ônus de prova do dano para o autor da atividade de risco.

O parágrafo primeiro diz que a regra do *caput* se aplica à atividade que, mesmo sem defeito e não essencialmente perigosa, induza, por sua natureza, risco especial e diferenciado aos direitos de outrem. São critérios para a sua avaliação, entre outros, a estatística, a prova técnica e as máximas de experiência.

Este parágrafo amplia o escopo da responsabilidade objetiva para atividades que, embora não sejam essencialmente perigosas ou defeituosas, apresentam um risco especial devido à sua natureza. A utilização de critérios como estatísticas, provas técnicas e máximas de experiência assegura uma avaliação justa e baseada em evidências da atividade de risco.

Sobre o parágrafo segundo, para a responsabilização objetiva do causador do dano, bem como para a ponderação e a fixação do valor da indenização deve também ser levada em conta a existência ou não de classificação do risco da atividade pelo poder público ou por agência reguladora, podendo ela ser aplicada tanto a atividades desempenhadas em ambiente físico quanto digital.

Este parágrafo introduz a consideração de classificações de risco feitas por autoridades públicas ou agências reguladoras na determinação da responsabilidade objetiva e na fixação da indenização. Ao incluir atividades desempenhadas em ambientes físicos e digitais, o texto se adapta às novas realidades tecnológicas e econômicas, garantindo uma cobertura mais ampla e atualizada da responsabilidade civil.

Em relação ao parágrafo terceiro, o caso fortuito ou a força maior somente exclui a responsabilidade civil quando o fato gerador do dano não for conexo à atividade desenvolvida pelo autor do dano. Certo é que como alertava Aguiar Dias, em que pese a ocorrência de caso fortuito ou de forma maior, como efeitos liberatórios da responsabilidade civil, a mesma questão de fato não pode dar margem à decisões contraditórias.[54]

Sobre o fortuito, em linhas gerais, Nelson Rosenvald e Felipe Braga Netto nos direcionam ao art. 393 do Código Civil.[55] Os mestres ensinam que independentemente de se tratar o caso como *fortuito* ou de *força maior*, a consequência prática se verificará no rompimento do nexo

[54] AGUIAR DIAS, José de. *Da responsabilidade civil*. 12. ed. DIAS, Rui Berford (atual.). Rio de Janeiro: Lumen Juris, 2012, p. 794.

[55] Art. 393. O devedor não responde pelos prejuízos resultantes de caso fortuito ou força maior, se expressamente não se houver por eles responsabilizado. Parágrafo único. O caso fortuito ou de força maior verifica-se no fato necessário, cujos efeitos não era possível evitar ou impedir.

de causalidade.[56] A pesquisa dos autores ora em referência nos leva, também, à distinção entre *fortuito interno* e *fortuito externo*. Em relação ao primeiro, aquele guarda relação direta com o responsável pela reparação, não o eximindo da responsabilidade; em relação ao segundo, fato não guarda conexão com o responsável pela reparação, traduzindo-se, então, na força maior, que o levará à exclusão da responsabilidade civil.[57]

Podemos observar a distinção prática do *caso fortuito interno*, este, que leva ao dever de indenizar, e do caso *fortuito externo*, este, que afasta o dever de indenizar.[58]

Este parágrafo delimita a aplicação das excludentes de responsabilidade, como caso fortuito ou força maior, esclarecendo que elas só se aplicam quando o fato gerador do dano não tem conexão com a atividade de risco desenvolvida pelo autor. Isso garante que a responsabilidade objetiva não seja facilmente afastada por eventos imprevistos, a menos que estejam completamente dissociados da atividade causadora do dano.

A inclusão do art. 927-B reforça a proteção dos direitos das vítimas de danos, estabelecendo uma responsabilidade objetiva em situações de risco. Isso é particularmente relevante em um mundo onde novas tecnologias e atividades econômicas apresentam riscos diferenciados e muitas vezes não facilmente atribuíveis a uma culpa direta.

---

[56] ROSENVALD, Nelson; NETTO, Felipe Braga. *Responsabilidade civil:* teoria geral. Indaiatuba: Foco, 2024, p. 997.

[57] Idem, p. 998.

[58] AGRAVO INTERNO NO RECURSO ESPECIAL. TRANSPORTE COLETIVO. DANOS MORAIS. IMPORTUNAÇÃO SEXUAL OCORRIDA NO INTERIOR DO METRÔ. ATO ILÍCITO PRATICADO POR TERCEIRO ALHEIO AO CONTRATO DE TRANSPORTE. AUSÊNCIA DE RESPONSABILIDADE DA TRANSPORTADORA. ENTENDIMENTO PACIFICADO PELA SEGUNDA SEÇÃO DESTA CORTE SUPERIOR. AGRAVO INTERNO DESPROVIDO. 1. Cinge-se a controvérsia quanto à possibilidade de se responsabilizar a concessionária de serviço público metroviário por danos morais, em decorrência de importunação sexual perpetrada por usuário do serviço de transporte contra passageira. 2. A Segunda Seção desta Corte Superior consolidou entendimento no sentido de que, "nos contratos onerosos de transporte de pessoas, desempenhados no âmbito de uma relação de consumo, o fornecedor de serviços não será responsabilizado por assédio sexual ou ato libidinoso praticado por usuário do serviço de transporte contra passageira, por caracterizar fortuito externo, afastando o nexo de causalidade" (REsp n. 1.833.722/SP, Segunda Seção, Relator o Ministro Raul Araújo, DJe de 15/3/2021). 3. Na hipótese em julgamento, o dano sofrido pela passageira foi causado diretamente por pessoa estranha aos quadros da empresa metroviária e sem nenhuma relação com o serviço de transporte prestado, não se tratando, assim, de fortuito interno. 4. O fato de terceiro rompe o nexo causal e, por consequência, afasta a responsabilidade civil objetiva da concessionária de serviço público responsável pelo transporte metroviário, nos termos do art. 14, § 3º, inciso II, do Código de Defesa do Consumidor. 5. Agravo interno desprovido. (BRASIL. Superior Tribunal de Justiça. Terceira Turma. *AgInt no REsp n. 2.147.565/SP.* Rel. Min. Marco Aurélio Bellizze. Julgado em: 19/8/2024. Disponível em: https://scon.stj.jus.br/SCON/GetInteiroTeorDoAcordao?num_registro=202401949753&dt_publicacao=22/08/2024. Acesso em: 08 abr. 2025).

A utilização de critérios objetivos, como estatísticas e provas técnicas, para a avaliação de risco e a consideração de classificações de risco por autoridades reguladoras, asseguram uma abordagem moderna e equilibrada na aplicação da responsabilidade civil. Além disso, a inclusão de atividades digitais no escopo do artigo é uma atualização necessária para acompanhar a evolução das relações sociais e econômicas.

Finalmente, a limitação das excludentes de responsabilidade a casos sem conexão com a atividade de risco reforça a proteção das vítimas sobre aqueles que desenvolvem atividades inerentemente arriscadas.

3.1.4. Artigo 928

Segue a proposta com a redação do art. 928 e a previsão de um parágrafo único, este, que nos direciona ao art. 391-A, ambos os dispositivos da proposta de atualização:

> Art. 928. O incapaz responde subsidiariamente pelos prejuízos que causar, se as pessoas por ele responsáveis não tiverem obrigação de fazê-lo ou não dispuserem de meios suficientes.
>
> Parágrafo único. A indenização prevista neste artigo não terá lugar, se ocorrerem as hipóteses previstas no art. 391-A, deste Código.

Conforme ensinam Nelson Rosenvald e Felipe Braga Netto, o art. 928 do CC/2002[59] trata da responsabilidade civil dos incapazes que abrange não só os menores mas também as pessoas em curatela, sendo a responsabilidade subsidiária e na forma do parágrafo único.[60] E complementam: "O art. 928 autoriza a responsabilidade pessoal dos incapazes por um dano que estes causem. Entretanto, tal responsabilização tem caráter excepcional no sistema de reparação de danos".[61]

A proposta de atualização estabelece que o incapaz pode ser responsabilizado subsidiariamente pelos danos que causar. A responsabilidade subsidiária significa que o incapaz só será obrigado a indenizar se as pessoas responsáveis por ele (por exemplo, pais ou tutores) não tiverem a obrigação de fazê-lo ou não possuírem recursos suficientes para cobrir os prejuízos.

Esta disposição traz um equilíbrio entre a proteção aos incapazes, que geralmente não têm plena capacidade de entender e responder

---

[59] Redação atual: Art. 928. O incapaz responde pelos prejuízos que causar, se as pessoas por ele responsáveis não tiverem obrigação de fazê-lo ou não dispuserem de meios suficientes. Parágrafo único. A indenização prevista neste artigo, que deverá ser eqüitativa, não terá lugar se privar do necessário o incapaz ou as pessoas que dele dependem.

[60] ROSENVALD, Nelson; NETTO, Felipe Braga. *Código civil comentado*: artigo por artigo. Salvador: Juspodivm, 2020, p. 882.

[61] Ibidem.

por suas ações, e a necessidade de assegurar que as vítimas de danos sejam indenizadas. A subsidiariedade garante que a responsabilidade primária recai sobre os responsáveis legais do incapaz, mas não exclui a possibilidade de o incapaz ter que responder pelos danos caso esses responsáveis não possam fazê-lo.

3.1.5. Artigo 929

Segue a reforma com o anteprojeto de atualização do Código Civil de 2002,[62] com a inclusão da nova redação do art. 929, composto por três parágrafos. É abordada a indenização por danos causados sob estado de necessidade, assim como a ação regressiva e a indenização para quem age em legítima defesa ou em situação de perigo voluntário:

> Art. 929. No caso de dano causado sob estado de necessidade, se a vítima não for responsável pela situação de perigo, assistir-lhe-á direito à indenização do prejuízo que sofreu.
>
> § 1º Caso a situação de perigo tenha sido criada por fato de terceiro, contra este terá o autor do dano ação regressiva para haver a importância que tiver ressarcido ao lesado.
>
> § 2º Também cabe ação de regresso para aquele que, em legítima defesa, provocar danos a terceiro não responsável pela agressão repelida.
>
> § 3º Aquele que voluntariamente se expõe à situação de perigo para salvar alguém ou bens alheios tem direito de ser indenizado por quem criou essa situação, ou pelo beneficiado pelo ato de abnegação, na medida da vantagem por esse obtida.

Esta disposição estabelece que, quando um dano é causado em estado de necessidade, e a vítima não é responsável pela situação de perigo, ela tem o direito à indenização. O estado de necessidade ocorre quando alguém causa um dano para evitar um mal maior, e este artigo assegura que a vítima do dano, que não contribuiu para a situação de perigo, seja compensada pelos prejuízos sofridos.

Vamos então aos parágrafos previstos pelo art. 929.

O parágrafo primeiro trata da situação de perigo tenha sido criada por fato de terceiro, contra este terá o autor do dano ação regressiva para haver a importância que tiver ressarcido ao lesado. Este parágrafo introduz a ação regressiva, permitindo que o autor do dano, que agiu em estado de necessidade, busque ressarcimento do terceiro que criou a situação de perigo. Isso assegura que a responsabilidade final recaia sobre quem realmente causou a situação perigosa, incentivando uma distribuição justa da responsabilidade.

---

[62] Redação atual: Art. 929. Se a pessoa lesada, ou o dono da coisa, no caso do inciso II do art. 188, não forem culpados do perigo, assistir-lhes-á direito à indenização do prejuízo que sofreram.

O parágrafo segundo também dispõe sobre a ação de regresso para aquele que, em legítima defesa, provocar danos a terceiro não responsável pela agressão repelida. Aqui, a ação regressiva é estendida àqueles que causam danos a terceiros inocentes ao agir em legítima defesa. Isso permite que quem agiu para se defender busque compensação do agressor original, promovendo uma alocação justa de responsabilidade e protegendo o direito de legítima defesa.

Já sobre o parágrafo terceiro, aquele que voluntariamente se expõe à situação de perigo para salvar alguém ou bens alheios tem direito de ser indenizado por quem criou essa situação, ou pelo beneficiado pelo ato de abnegação, na medida da vantagem por esse obtida. Este parágrafo trata da indenização para quem, voluntariamente, se expõe ao perigo para salvar outras pessoas ou bens. Ele assegura que quem age com altruísmo em situações de perigo tenha o direito de ser compensado, seja pelo responsável por criar a situação de perigo ou pelo beneficiado pelo ato de abnegação, de acordo com a vantagem obtida por esse último.

O art. 929 no Código Civil de 2002 reflete uma abordagem abrangente e justa para lidar com situações onde danos são causados sob circunstâncias excepcionais, como o estado de necessidade e a legítima defesa. Aqui estão alguns pontos de destaque: a) *Proteção das vítimas*: O artigo assegura que as vítimas de danos causados em estado de necessidade sejam indenizadas, promovendo a justiça e a equidade, especialmente quando a vítima não contribuiu para a situação de perigo; b) *Ação regressiva*: A introdução de ações regressivas permite que a responsabilidade final pelos danos seja atribuída a quem realmente causou a situação de risco, incentivando um sistema mais justo e equilibrado de responsabilidade civil; c) *Legítima defesa*: A proteção para aqueles que causam danos ao agir em legítima defesa é crucial, pois reconhece a necessidade de defender-se enquanto assegura que os danos colaterais sejam compensados adequadamente; d) *Atos de altruísmo*: A indenização para aqueles que voluntariamente se expõem ao perigo para salvar outros ou bens alheios é uma medida importante de justiça, incentivando ações altruístas e garantindo que tais pessoas não fiquem desamparadas; e) *Responsabilidade distribuída*: O artigo promove uma distribuição mais justa da responsabilidade, assegurando que aqueles que criam situações de risco sejam responsabilizados, e que os atos de defesa ou salvamento sejam reconhecidos e compensados.

Em resumo, o art. 929 contribui significativamente para um tratamento mais justo e equilibrado das situações de dano causadas por necessidade ou defesa, ao mesmo tempo em que protege e incentiva ações altruístas. Ele reforça a ideia de que a responsabilidade deve ser distribuída de forma justa e equitativa, considerando as circunstâncias específicas de cada caso.

Podemos observar um caso prático julgado pelo Superior Tribunal de Justiça em razão de acidente de trânsito e a reparação em contexto ao estado de necessidade.[63]

3.1.6. Artigo 930

Seguimos os estudos sobre o anteprojeto de atualização do Código Civil de 2002,[64] com a redação do art. 930, aborda a responsabilidade do agente que executa a ação repelida, atual e iminente: "Art. 930. O agente da ação repelida, atual e iminente, é responsável pelo prejuízo a que se refere o inciso II do art. 188 deste Código".

---

[63] AGRAVO INTERNO NO AGRAVO EM RECURSO ESPECIAL. AÇÃO INDENIZATÓRIA. ACIDENTE DE TRÂNSITO. DANOS MORAIS. TRAUMAS E LESÕES SOFRIDOS PELAS VÍTIMAS DO ACIDENTE. ALEGADA VIOLAÇÃO DO ARTIGO 953, PARÁGRAFO ÚNICO, DO CC/2002. FALTA DE PREQUESTIONAMENTO. INCIDÊNCIA DAS SÚMULAS 282 E 356 DO STF. RESPONSABILIDADE POR DANOS CAUSADOS AINDA QUE POR ATO PRATICADO EM ESTADO DE NECESSIDADE. INCIDÊNCIA DA SÚMULA 7 DO STJ. QUANTUM INDENIZATÓRIO. NÃO EXORBITANTE NEM DESPROPORCIONAL. PROVIMENTO NEGADO. 1. Não houve manifestação do colendo Tribunal de origem acerca da matéria constante nos artigos 128 e 953, do Código Civil de 2002 e recorrente não opôs embargos declaratórios com o intuito de provocar o pronunciamento da instância ordinária sobre os aludidos temas. Ausente o prequestionamento, incidem as Súmulas 282 e 356 do Supremo Tribunal Federal. 2. O col. Tribunal a quo, à luz dos princípios da livre apreciação da prova e do livre convencimento motivado, bem como mediante análise do contexto fático-probatório dos autos, entendeu que ficou configurado o dever de indenizar. Incidência da súmula 7 do Superior Tribunal de Justiça. 3. "O acórdão recorrido decidiu em conformidade com a jurisprudência deste Superior Tribunal de Justiça em que a constatação do estado de necessidade, por si só, não exime o ocasionador direto do dano de responder pela reparação a que faz jus a vítima, ficando com ação regressiva contra o terceiro que deu origem à manobra determinante do evento lesivo." (AgRg no AREsp 55.751/RS, Rel. Ministro PAULO DE TARSO SANSEVERINO, TERCEIRA TURMA, julgado em 11/06/2013, DJe 14/06/2013). 4. O Superior Tribunal de Justiça firmou orientação no sentido de que somente é admissível o exame do valor fixado a título de danos morais em hipóteses excepcionais, quando for verificada a exorbitância ou a irrisoriedade da importância arbitrada, em flagrante ofensa aos princípios da razoabilidade e da proporcionalidade, o que, no entanto, não ocorreu no caso em exame. Isso, porque o valor da indenização por danos morais, arbitrado em "R$ 60.000,00 (sessenta mil reais) para o Sr. Gilmar Oliveira (hoje falecido, mais não indene), e R$ 90.000,00 (noventa mil reais) para cada um dos demais autores" (e-STJ fl. 481), totalizando R$ 240.000, 00 (duzentos e quarenta mil reais) não é exorbitante nem desproporcional aos danos sofridos pelos agravados, no caso, traumas e lesões graves decorrentes do acidente de trânsito. 5. Agravo interno ao qual se nega provimento. (BRASIL. Quarta Turma. *AgInt no AREsp n. 411.909/ES*. Rel. Min. Lázaro Guimarães (Desembargador Convocado do TRF 5ª Região). Julgado em: 21/8/2018. Disponível em: chrome-extension://efaidnbmnnnibpcajpcglclefindmkaj/https://scon.stj.jus.br/SCON/GetInteiroTeorDoAcordao?num_registro=201303478938&dt_publicacao=24/08/2018. Acesso em: 21 jun. 2024).

[64] Redação atual: Art. 930. No caso do inciso II do art. 188 , se o perigo ocorrer por culpa de terceiro, contra este terá o autor do dano ação regressiva para haver a importância que tiver ressarcido ao lesado. Parágrafo único. A mesma ação competirá contra aquele em defesa de quem se causou o dano (art. 188, inciso I).

Buscando elucidar o artigo em questão, sobre a responsabilidade do agente, o artigo estabelece que o agente, cuja ação é repelida e que é atual e iminente, será responsabilizado pelos prejuízos decorrentes dessa ação. Isso significa que se alguém age de forma a criar uma situação de perigo ou ameaça imediata, essa pessoa será responsável pelos danos que resultarem da reação à sua ação.

Também é feita referência ao inciso II do art. 188. Este inciso trata das excludentes de ilicitude, em que menciona que não constituem atos ilícitos as ações praticadas em legítima defesa ou no exercício regular de um direito reconhecido. Ao vincular o art. 930 àquele inciso, a redação reforça que a responsabilidade recai sobre quem originou a situação de perigo, justificando a reação (legítima defesa) como uma resposta necessária.

Percebemos que o art. 930 reforça a proteção do direito à legítima defesa, ao mesmo tempo em que responsabiliza aquele que cria a necessidade de defesa. Isso é crucial para garantir que quem age em legítima defesa não seja penalizado pelos danos causados durante a reação à ameaça. Assim, a pessoa que criou a situação de perigo (agente da ação repelida) é considerada responsável pelos danos, e não quem agiu para se defender.

3.1.7. Artigo 931

O anteprojeto de atualização do Código Civil de 2002 segue com o art. 931, abordando a responsabilidade do fabricante pelos danos causados por defeitos nos produtos postos em circulação (redação atual):

> Art. 931. Ressalvados outros casos previstos em lei especial, o fabricante responde independentemente de culpa pelos danos causados por defeitos nos produtos postos em circulação.
>
> Parágrafo único. O produto é considerado defeituoso quando não oferece a segurança que dele legitimamente se espera no momento em que é posto em circulação.

O atual Código também prevê sobre o art. 931, mas com redação que difere do anteprojeto.[65]

A previsão da sugestão de alteração em seu *caput* apresenta a responsabilidade do fabricante por defeitos em produtos postos em circulação independentemente de culpa sendo que o parágrafo único do artigo ora em análise apresenta a definição do que é um *produto defeituoso.* A redação entra em sintonia com os incisos do parágrafo primeiro

[65] Art. 931. Ressalvados outros casos previstos em lei especial, os empresários individuais e as empresas respondem independentemente de culpa pelos danos causados pelos produtos postos em circulação.

do art. 12 do Código de Defesa do Consumidor.[66] Nesta sistemática, como nos ensina Claudia Lima Marques, seja em aspecto contratual ou extracontratual, responde o fornecedor objetivamente por falhas nos produtos.[67] Há, portanto, um controle legislativo amplo no sentido do monitoramento dos danos oriundos dos acidentes de consumo.[68]

Evidentemente, se o caso concreto revelar relação de consumo, entendemos que entrarão em cena as disposições do CDC, mas que poderão sem complementadas à luz da Teoria do Diálogo das Fontes, afirmação inspirada nos ensinamentos de Claudia Lima Marques, à luz da doutrina de Erik Jayme.[69]

Este artigo estabelece a responsabilidade objetiva do fabricante, ou seja, o fabricante responde pelos danos causados por defeitos nos produtos independentemente de culpa. Isso significa que não é necessário provar que o fabricante agiu de forma negligente, imprudente ou com dolo; basta comprovar o defeito do produto e o dano resultante desse defeito.

A expressão "ressalvados outros casos previstos em lei especial" indica que a responsabilidade objetiva do fabricante pode estar sujeita a exceções ou complementos definidos em legislações específicas. Isso permite a coexistência de normas mais específicas para determinadas categorias de produtos ou situações.

Sobre a previsão contida no parágrafo único, o produto é considerado defeituoso quando não oferece a segurança que dele legitimamente se espera no momento em que é posto em circulação. Este parágrafo define o que constitui um produto defeituoso. Um produto é considerado defeituoso quando não oferece a segurança que se espera legitimamente no momento de sua circulação. Este critério baseia-se nas expectativas razoáveis de segurança do consumidor, levando em conta o uso normal e previsível do produto. A segurança do produto é avaliada no momento em que ele é posto em circulação, ou seja, quando é

---

[66] Art. 12. O fabricante, o produtor, o construtor, nacional ou estrangeiro, e o importador respondem, independentemente da existência de culpa, pela reparação dos danos causados aos consumidores por defeitos decorrentes de projeto, fabricação, construção, montagem, fórmulas, manipulação, apresentação ou acondicionamento de seus produtos, bem como por informações insuficientes ou inadequadas sobre sua utilização e riscos. § 1° O produto é defeituoso quando não oferece a segurança que dele legitimamente se espera, levando-se em consideração as circunstâncias relevantes, entre as quais: I – sua apresentação; II – o uso e os riscos que razoavelmente dele se esperam; III – a época em que foi colocado em circulação.

[67] MARQUES, Claudia Lima; BENJAMIN, Antonio Herman V.; MIRAGEM, Bruno. *Comentários ao Código de Defesa do Consumidor.* São Paulo: Revista dos Tribunais, 2019, p. 510.

[68] SANSEVERINO, Paulo de Tarso Vieira. *Responsabilidade civil no Código de Defesa do Consumidor e a defesa do fornecedor.* 3. ed. São Paulo: Saraiva, 2010, p. 26.

[69] MARQUES, Claudia Lima; BENJAMIN, Antonio Herman V.; MIRAGEM, Bruno. *Comentários ao Código de Defesa do Consumidor.* São Paulo: Revista dos Tribunais, 2019, p. 38-44.

disponibilizado no mercado. Isso implica que a avaliação da segurança do produto deve considerar as condições e o conhecimento técnico disponíveis na época de sua comercialização.

Sobre a indenização em razão de produto defeituoso, podemos observar caso prático julgado em São Paulo.[70]

A nova redação do art. 931 reflete uma forte proteção ao consumidor. A responsabilidade objetiva do fabricante assegura que os consumidores não fiquem desamparados diante de danos causados por produtos defeituosos, facilitando a busca por indenização ao eliminar a necessidade de provar a culpa do fabricante.

Ao estabelecer a responsabilidade objetiva, pensamos que o artigo incentiva os fabricantes a manter altos padrões de qualidade e segurança em seus produtos. Sabe-se que qualquer defeito que cause danos resultará em responsabilidade, motivando um maior cuidado nos processos de fabricação, controle de qualidade e segurança.

A ressalva quanto às leis especiais permite a adaptação e a complementaridade da norma com outras legislações específicas, como o Código de Defesa do Consumidor, que já trata de forma abrangente a responsabilidade por produtos defeituosos. Essa coexistência garante que as especificidades de diferentes produtos e situações sejam adequadamente regulamentadas.

A definição de defeito com base na segurança legitimamente esperada pelo consumidor é um critério justo e razoável. Ela leva em conta as expectativas do usuário final, proporcionando uma proteção realista e adequada, ajustada ao uso normal e às condições de circulação do produto.

Enxergamos um reforço à proteção dos consumidores contra danos causados por produtos defeituosos, promovendo a responsabilidade objetiva dos fabricantes. Isso facilita a indenização dos consumidores, incentiva a qualidade e a segurança dos produtos e mantém a flexibilidade necessária para coexistir com legislações especiais. Essa medida é um avanço significativo na proteção dos direitos dos consumidores e na promoção de práticas empresariais responsáveis e seguras.

---

[70] APELAÇÃO. COMPRA E VENDA. CONSUMO. Aquisição de molho de tomate. Suposto corpo estranho no interior da embalagem. Ação condenatória de indenização por danos morais. Sentença de procedência. Insurgência da ré. – Responsabilidade. Fabricante que responde pelos defeitos do produto. Produto defeituoso cuja manipulação incorreta por transportadores e distribuidores permite contaminação por fungos. Não demonstração de excludentes de responsabilidade. Art. 12 do CDC. RECURSO DESPROVIDO. (BRASIL. Tribunal de Justiça de São Paulo. 32ª Câmara de Direito Privado. *Apelação Cível 1004188-94.2023.8.26.0072*. Rel. Des: Claudia Menge. Julgado em: 01/04/2025. Disponível em: https://esaj.tjsp.jus.br/cjsg/getArquivo.do?cdAcordao=19068260&cdForo=0. Acesso em: 08 abr. 2025).

3.1.8. Artigo 932

A regra prevista pelo art. 932, na revisão, trata da responsabilidade civil por fato de terceiro também denominada de *responsabilidade indireta*.[71] E nestes termos vem prevista a redação ao artigos, seus incisos e parágrafo único (redação atual). Nos termos da projeto:[72]

> Art. 932. Responderão independentemente de culpa, ressalvadas as hipóteses previstas em leis especiais:
>
> I – os pais, por fatos dos filhos, crianças e adolescentes, que estiverem sob sua autoridade;
>
> II – o tutor, por fatos dos tutelados que se acharem nas mesmas condições;
>
> III – o curador por fatos dos curatelados, adstrita a responsabilidade ao âmbito de incidência da curatela e sua finalidade de proteção do curatelado;
>
> IV – os guardiões, por fatos das pessoas sob sua guarda;
>
> V – o empregador, o comitente e o tomador de serviços, por fatos daqueles que estiverem sob suas ordens, no exercício do ofício que lhes competir ou em razão deles;
>
> VI – ressalvada a incidência da legislação consumerista, os donos de estabelecimentos educacionais e de hospedagem, pelos danos causados por seus educandos e hóspedes, no período em que se encontrarem sob seus cuidados e vigilância;
>
> VII – os que gratuitamente houverem participado dos produtos do crime, até a concorrente quantia;
>
> VIII – aqueles que desenvolverem e coordenarem atividades ilícitas ou irregulares, no ambiente físico, virtual ou com o uso de tecnologias, por quaisquer danos sofridos por outrem em consequência dessas atividades.
>
> Parágrafo único. Nas hipóteses dos incisos II, III e IV, ao fixar o valor da indenização por danos, o juiz levará em consideração o grau da contribuição causal do tutor, do curador ou do guardião, para a sua ocorrência.

Sobre a responsabilidade civil dos pais pelos filhos (inciso I, art. 932, da atual redação do Código) já tivemos a oportunidade de escrever acerca do tema em momento anterior.[73] Entendemos que *filho é filho* e por força do dever de, por exemplo, educação conforme prevê o atual Código Civil,[74] a responsabilidade por seus atos deve ser imputada a ambos os pais.

---

[71] ROSENVALD, Nelson; NETTO, Felipe Braga. *Código civil comentado*: artigo por artigo. Salvador: Juspodivm, 2020, p. 891.

[72] Art. 932. São também responsáveis pela reparação civil: I – os pais, pelos filhos menores que estiverem sob sua autoridade e em sua companhia; II – o tutor e o curador, pelos pupilos e curatelados, que se acharem nas mesmas condições; III – o empregador ou comitente, por seus empregados, serviçais e prepostos, no exercício do trabalho que lhes competir, ou em razão dele; IV – os donos de hotéis, hospedarias, casas ou estabelecimentos onde se albergue por dinheiro, mesmo para fins de educação, pelos seus hóspedes, moradores e educandos; V – os que gratuitamente houverem participado nos produtos do crime, até a concorrente quantia.

[73] ALMEIDA, Felipe Cunha de. Responsabilidade civil dos pais pelos filhos menores: doutrina e jurisprudência. *Revista Síntese*. Direito de Família, v. 96, p. 69-85, 2016.

[74] Art. 1.566. São deveres de ambos os cônjuges: IV – sustento, guarda e educação dos filhos.

O inciso II do art. 932 prevê a responsabilidade do tutor e do curador com possibilidade de direito de regresso, direito não previsto aos pais na forma do art. 934,[75] conforme observam Nelson Rosenvald e Felipe Braga Netto.[76]

Continuando, a previsão trazida pelo inciso III do art. 932 aponta a responsabilidade do empregador com a ressalva de não se tratar de responsabilidade *pelo* risco, mas sim pela preposição.[77]

A *teoria do risco proveito* é trazida pelo inciso IV do atual Código e o art. 932.[78] O inciso V recebe a seguinte crítica em termos de sua *desnecessidade*:

> Se, digamos, um funcionário público subtrai dezenas de computadores portáteis apreendidos em fiscalização, e que estavam sob sua guarda, distribuindo entre familiares, estes, naturalmente, deverão devolvê-los, ou o equivalente monetário, ainda que não tenham cometido nenhum crime (supondo que desconhecessem a origem ilícita dos bens). Poderíamos invocar, a propósito, o art. 884, que consagra o enriquecimento sem causa.[79]

Em relação ao inciso VI, ressalvada a incidência da legislação consumerista, os donos de estabelecimentos educacionais e de hospedagem, pelos danos causados por seus educandos e hóspedes, no período em que se encontrarem sob seus cuidados e vigilância.

No que toca ao inciso VII, aqueles que se beneficiam gratuitamente dos produtos de um crime são responsabilizados até o valor do benefício recebido, mesmo que não tenham participado ativamente do ato criminoso. Isso desestimula, em nosso sentir, o recebimento de bens de origem ilícita.

Já quanto ao inciso VIII, o dispositivo prevê que aqueles que desenvolverem e coordenarem atividades ilícitas ou irregulares, no ambiente físico, virtual ou com o uso de tecnologias, por quaisquer danos sofridos por outrem em consequência dessas atividades, serão responsabilizados.

Finalmente, o parágrafo único prevê que, nas hipóteses dos incisos II, III e IV, ao fixar o valor da indenização por danos, o juiz levará em consideração o grau da culpa do tutor, curador ou guardião.

Este parágrafo introduz uma mitigação da responsabilidade objetiva ao permitir que o juiz considere o grau de culpa do tutor, cura-

---

[75] Art. 934. Aquele que ressarcir o dano causado por outrem pode reaver o que houver pago daquele por quem pagou, salvo se o causador do dano for descendente seu, absoluta ou relativamente incapaz.

[76] ROSENVALD, Nelson; NETTO, Felipe Braga. *Código civil comentado*: artigo por artigo. Salvador: Juspodivm, 2020, p. 894.

[77] Idem, p. 895.

[78] Idem, p. 895.

[79] Idem, p. 898.

dor ou guardião ao fixar o valor da indenização. Isso assegura uma avaliação mais justa e proporcional das responsabilidades e indenizações.

A inclusão do art. 932 no Código Civil de 2002 reforça a proteção das vítimas de atos danosos cometidos por terceiros, facilitando a obtenção de indenização ao estabelecer a responsabilidade objetiva de diversas figuras responsáveis.

A responsabilização objetiva dos pais, tutores, curadores, guardiões e empregadores incentiva uma supervisão mais rigorosa e um cuidado maior com aqueles sob sua autoridade ou direção.

A responsabilização daqueles que se beneficiam de produtos de crimes, mesmo que de forma gratuita, fortalece a luta contra o crime ao desincentivar a aceitação de bens de origem ilícita.

A inclusão de atividades ilícitas ou irregulares no ambiente virtual ou com uso de tecnologias demonstra uma adaptação do Código Civil às novas realidades e desafios impostos pela era digital. Inclusive, sobre o tema *digital,* Flaviana Rampazzo Soares e Maria Alice Becker tecem profundas considerações acerca da responsabilidade civil dos *influenciadores digitais,* dialogando o tema, inclusive, com as relações de consumo:

> Se o produto ou serviço é do próprio influenciador, este pode ser enquadrado conceito de fornecedor previsto no art. 3º do Código de Defesa do Consumidor (CDC), sujeitando-o aos ditames previstos no referido diploma legal, inclusive nos dispositivos que tratam da responsabilidade por danos sob critério objetivo de imputação.[80]

A alteração do art. 932 representa um avanço significativo na responsabilização objetiva em diversas situações, promovendo justiça e proteção eficaz às vítimas. Ela também incentiva uma supervisão mais rigorosa e um comportamento responsável por parte dos pais, tutores, curadores, guardiões, empregadores e outros agentes responsáveis, contribuindo para um ambiente social mais seguro e justo.

3.1.9. Artigo 932-A

Segue o anteprojeto de atualização do Código Civil de 2002, com a inclusão do art. 932-A, que trata da possibilidade de ressarcimento dos responsáveis mencionados nos incisos I a IV do artigo 932 (artigo, portanto, antecedente):

---

[80] SOARES, Flaviana Rampazzo; BECKER, Maria Alice. Influenciadores digitais e responsabilidade civil. In: *Migalhas de Responsabilidade Civil*. Disponível em: https://www.migalhas.com.br/coluna/migalhas-de-responsabilidade-civil/397776/influenciadores-digitais-e-responsabilidade-civil. Acesso em: 17 abr. 2025.

Art. 932-A. Para ressarcirem-se do que pagaram à vítima do dano, os responsáveis apontados nos incisos I a IV do artigo antecedente podem se voltar contra aqueles em cuja companhia estava o incapaz, se provada culpa grave ou dolo para a ocorrência do fato.

A regra prevê que, para ressarcirem-se do que pagaram à vítima do dano, os responsáveis apontados nos incisos I a IV do artigo antecedente podem-se voltar contra aqueles em cuja companhia estava o incapaz, se provada culpa grave ou dolo para a ocorrência do fato.

Este artigo permite que os responsáveis indicados nos incisos I a IV do artigo 932 (pais, tutores, curadores e guardiões) busquem o ressarcimento do que pagaram à vítima do dano. Isso oferece uma via de retorno para aqueles que, embora responsáveis objetivamente, possam não ter contribuído diretamente para a ocorrência do dano.

A possibilidade de ressarcimento se aplica contra aqueles que estavam em companhia do incapaz no momento do fato danoso, caso seja provada culpa grave ou dolo. Isso significa que se outra pessoa estava acompanhando o incapaz e contribuiu significativamente para a ocorrência do dano através de comportamento extremamente negligente (culpa grave) ou intencional (dolo), essa pessoa poderá ser responsabilizada.

Segundo Sergio Cavalieri Filho, "[...] a culpa será grave se o agente atuar com grosseira falta de cautela, com descuido injustificável ao homem normal, impróprio ao comum dos homens".[81] Trata-se, portanto, "[...] de culpa com previsão de resultado".[82] Já o dolo, nas palavras de Rui Stoco: "[...] é a consciência e vontade dirigidas a um fim ou resultado sempre ilícito e desconforme com o Direito. É a ofensa a um dever preexistente de forma consciente e desejada."[83]

O art. 932-A introduz uma medida de proteção para os responsáveis diretos (pais, tutores, curadores, guardiões), permitindo que recuperem os valores pagos à vítima se demonstrarem, como estamos estudando, que a culpa pelo dano foi devida à ação ou omissão grave de terceiros.

O artigo também serve como um incentivo para que aqueles que estejam em companhia de incapazes ajam com a devida diligência e cuidado. Saber que podem ser responsabilizados financeiramente por comportamentos negligentes ou dolosos motiva uma maior atenção e responsabilidade, pelo menos do nosso ponto de vista, ao ler as disposições do art. 932-A.

---

[81] CAVALIERI FILHO, Sergio. *Programa de responsabilidade civil*. 11. ed. São Paulo; Atlas, 2014, p. 53.

[82] Idem, p. 53.

[83] STOCO, Rui. *Tratado de responsabilidade civil:* doutrina e jurisprudência. 10. ed. São Paulo: Revista dos Tribunais, 2014, p. 208.

A possibilidade de ressarcimento promove a justiça e equidade ao garantir que a responsabilidade financeira final recaia sobre quem realmente contribuiu de maneira grave para o dano. Isso evita que os responsáveis diretos sejam injustamente sobrecarregados quando terceiros foram os verdadeiros causadores do evento danoso.

3.1.10. Artigo. 933

A disposição prevista pelo atual art. 933 do Código Civil trata da responsabilidade objetiva por fato de terceiro[84] e que nos remete às hipóteses mencionadas nos incisos I a V do art. 932.[85] Tal redação (art. 933) está revogada pelo Projeto.

3.1.11. Artigo. 933-A

Seguimos a análise do anteprojeto de atualização do Código Civil, desta vez acerca do art. 933-A, que trata da responsabilidade da pessoa jurídica e dos administradores por danos causados no exercício de suas funções:

> Art. 933-A. A pessoa jurídica é responsável por danos causados por aqueles que a dirigem ou administram no exercício de suas funções.
>
> Parágrafo único. O administrador responde regressivamente nos casos em que agir:
>
> I – no exercício de suas atribuições ou poderes, com culpa ou dolo;
>
> II – em violação legal ou estatutária.

O artigo estabelece que a pessoa jurídica é responsável pelos danos causados pelos seus dirigentes ou administradores no exercício de suas funções. Isso implica uma responsabilidade objetiva, em que a pessoa jurídica responde independentemente de culpa daqueles indicados no *caput*, desde que o dano tenha sido causado por seus representantes legais em nome da empresa.

Essa disposição visa a proteger as vítimas, garantindo que possam buscar reparação diretamente da pessoa jurídica, que geralmente

---

[84] DIREITO, Carlos Alberto Menezes; CAVALIERI FILHO, Sergio. *Comentários ao novo Código Civil:* da responsabilidade civil: das preferências e privilégios creditórios (arts. 927 a 965). 3. ed. v. XIII. TEIXEIRA, Sálvio de Figueiredo (Coord.). Rio de Janeiro: Forense, 2011, p. 241.

[85] Art. 932. São também responsáveis pela reparação civil: I – os pais, pelos filhos menores que estiverem sob sua autoridade e em sua companhia; II – o tutor e o curador, pelos pupilos e curatelados, que se acharem nas mesmas condições; III – o empregador ou comitente, por seus empregados, serviçais e prepostos, no exercício do trabalho que lhes competir, ou em razão dele; IV – os donos de hotéis, hospedarias, casas ou estabelecimentos onde se albergue por dinheiro, mesmo para fins de educação, pelos seus hóspedes, moradores e educandos; V – os que gratuitamente houverem participado nos produtos do crime, até a concorrente quantia.

possui maior capacidade financeira para arcar com indenizações do que os indivíduos que a dirigem.

O parágrafo único, inciso I, prevê que o administrador responderá regressivamente, ou seja, a pessoa jurídica pode buscar ressarcimento do administrador nos casos em que este tenha agido com culpa (negligência, imprudência ou imperícia) ou dolo (intenção de causar dano) no exercício de suas atribuições ou poderes. Isso cria um incentivo para que os administradores atuem com diligência e responsabilidade.

Já em relação ao inciso II, o administrador também responde regressivamente se agir em violação de leis ou do estatuto da empresa. Esse inciso reforça a necessidade de conformidade legal e estatutária nas ações dos administradores, assegurando que suas condutas estejam sempre alinhadas às normativas aplicáveis.

O art. 933-A estabelece um equilíbrio importante entre a proteção às vítimas e a responsabilidade dos administradores. A pessoa jurídica, com maior capacidade financeira, é a primeira responsável a reparar os danos, mas tem a possibilidade de buscar ressarcimento dos administradores que agiram de forma culpável ou dolosa, ou em violação de normas.

A responsabilidade regressiva dos administradores incentiva a boa governança corporativa. Saber que podem ser pessoalmente responsabilizados por atos negligentes ou ilícitos deve motivar e dar ciência aos administradores a atuar com maior cautela e aderência às normas legais e estatutárias.

A clareza na definição da responsabilidades oferece maior segurança jurídica tanto para as vítimas de danos quanto para as pessoas jurídicas e seus administradores. Vítimas têm a garantia de que podem buscar reparação diretamente da pessoa jurídica, enquanto as empresas têm um mecanismo para responsabilizar administradores que agiram de forma inadequada.

O artigo ora em estudo reforça a proteção às vítimas de danos causados no âmbito das atividades empresariais, ao mesmo tempo em que incentiva a responsabilidade e a diligência dos administradores. Estabelecendo a responsabilidade objetiva da pessoa jurídica e a responsabilidade regressiva dos administradores em casos de culpa, dolo ou violação de normas, o artigo promove um ambiente de maior segurança jurídica e boa governança corporativa. Isso contribui para um sistema legal mais justo e eficiente, em que as responsabilidades são adequadamente distribuídas, e as vítimas têm uma via clara para buscar reparação.

3.1.12. Artigo 934

A previsão contida no atual art. 934[86] trata da responsabilidade objetiva daqueles indicados pelos incisos I a V, ou seja, da responsabilidade pelos danos causados diretamente pelas pessoas mencionadas naqueles incisos.[87]

A atualização, por sua vez, inclui a presença do parágrafo único com a seguinte redação:

> Art. 934 (...)
>
> Parágrafo único. O empregador, o comitente e o tomador de serviços poderão agir regressivamente contra o empregado, preposto ou prestador de serviços, mediante a comprovação de dolo ou culpa.

A análise do parágrafo único do artigo 934 do anteprojeto de atualização revela uma significativa ampliação da possibilidade de ação regressiva por parte do empregador, comitente ou tomador de serviços contra o empregado, preposto ou prestador de serviços.

O parágrafo único introduz de forma expressa a ação regressiva contra aqueles que, no desempenho de suas funções, causarem prejuízos ao empregador ou ao tomador de serviços, desde que haja dolo ou culpa.

No Código Civil de 2002, o artigo 934 já trata da responsabilidade do empregador, estabelecendo que ele responde pelos atos de seus empregados, prepostos ou representantes no exercício de suas funções. Contudo, o dispositivo não menciona expressamente a possibilidade de ação regressiva contra esses agentes.

A jurisprudência já reconhecia[88] que o empregador poderia buscar o ressarcimento do dano contra o empregado, especialmente quando

---

[86] Art. 934. Aquele que ressarcir o dano causado por outrem pode reaver o que houver pago daquele por quem pagou, salvo se o causador do dano for descendente seu, absoluta ou relativamente incapaz.

[87] NERY JUNIOR, Nelson; NERY Rosa Maria de Andrade. *Código civil comentado*. 11. ed. São Paulo: Revista dos Tribunais, 2014, p. 1.243.

[88] RECURSO ESPECIAL. AÇÃO DE INDENIZAÇÃO POR DANOS MORAIS E MATERIAIS. ERRO MÉDICO. PARTO. USO DE FÓRCEPS. CESARIANA. INDICAÇÃO. NÃO OBSERVÂNCIA. LESÃO NO MEMBRO SUPERIOR ESQUERDO. MÉDICO CONTRATADO. CULPA CONFIGURADA. HOSPITAL. RESPONSABILIDADE SUBJETIVA. AÇÃO DE REGRESSO. PROCEDÊNCIA. DANOS MORAIS. VALOR. RAZOABILIDADE. 1. A jurisprudência desta Corte encontra-se consolidada no sentido de que a responsabilidade dos hospitais, no que tange à atuação dos médicos contratados que neles trabalham, é subjetiva, dependendo da demonstração da culpa do preposto. 2. A responsabilidade objetiva para o prestador do serviço prevista no artigo 14 do Código de Defesa do Consumidor, no caso o hospital, limita-se aos serviços relacionados ao estabelecimento empresarial, tais como a estadia do paciente (internação e alimentação), as instalações, os equipamentos e os serviços auxiliares (enfermagem, exames, radiologia). Precedentes. 3. No caso em apreço, ambas as instâncias de cognição plena, com base na prova dos autos, concluíram que houve falha médica seja porque o peso do feto (4.100 gramas) indicava a necessidade de realização de parto por cesariana, seja porque a utilização da técnica de fórceps não se encontra justificada em prontuário médico. 4. A comprovação da culpa do médico atrai a responsabilidade do hospital embasada no artigo 932, inciso III, do Código Civil ("São também responsáveis pela

houvesse dolo, mas a inclusão da culpa como fundamento para a ação regressiva é uma inovação relevante trazida pelo anteprojeto.

A introdução do parágrafo no anteprojeto de atualização do Código Civil traz algumas implicações importantes, segundo o que entendemos: a) ampliação do direito de regresso: enquanto no regime atual a jurisprudência tende a restringir a responsabilização do empregado apenas aos casos de dolo, a nova previsão amplia essa possibilidade para incluir hipóteses de culpa; b) reflexos no Direito do Trabalho: Embora o Código Civil regule a responsabilidade civil, esse dispositivo dialoga diretamente com o Direito do Trabalho, especialmente no que se refere à culpa do empregado e à compatibilização dessa regra com os princípios protetivos do direito trabalhista; c) segurança jurídica para empregadores e tomadores de serviços: a previsão deixa claro que quem efetivamente causa o dano pode ser responsabilizado, impedindo que o empregador arque sozinho com os prejuízos quando houver conduta culposa ou dolosa do empregado ou preposto; d) necessidade de comprovação do dolo ou culpa: a previsão exige que o empregador demonstre a culpa ou o dolo do empregado para poder exercer o direito de regresso. Isso impede uma transferência automática da responsabilidade, protegendo o trabalhador de ações indevidas.

A inclusão do parágrafo único no artigo 934 representa um avanço na sistematização da ação regressiva contra empregados, prepostos e prestadores de serviço, conferindo maior segurança jurídica ao empregador e ao tomador de serviços.

A atualização, portanto, expande a responsabilidade dos agentes que contribuem para o dano, mas exigirá cautela na sua implementação, para evitar distorções que possam comprometer o equilíbrio nas relações laborais e contratuais.

3.1.13. Artigo 935

O atual art. 935[89] trata da *independência* entre a responsabilidade civil e criminal. Neste sentido: "Pelo princípio da independência das

---

reparação civil: (...) III – o empregador ou comitente, por seus empregados, serviçais e prepostos, no exercício do trabalho que lhes competir, ou em razão dele;"), mas permite ação de regresso contra o causador do dano. 5. O Superior Tribunal de Justiça, afastando a incidência da Súmula nº 7/STJ, tem reexaminado o montante fixado pela instâncias ordinárias apenas quando irrisório ou abusivo, circunstâncias inexistentes no presente caso, em que arbitrada indenização no valor de R$ 80.000,00 (oitenta mil reais). 6. Recurso especial parcialmente provido. (BRASIL. Superior Tribunal de Justiça. Terceira Turma. *REsp n. 1.526.467/RJ*. Rel. Min. Ricardo Villas Bôas Cueva. Julgado em: 13/10/2015. Disponível em: https://scon.stj.jus.br/SCON/GetInteiroTeorDoAcordao?num_registro=201401432778&dt_publicacao=23/10/2015. Acesso em: 09 abr. 2025).

[89] Art. 935. A responsabilidade civil é independente da criminal, não se podendo questionar mais sobre a existência do fato, ou sobre quem seja o seu autor, quando estas questões se acharem decididas no juízo criminal.

responsabilidades, adotado pelo sistema brasileiro, o mesmo fato pode dar origem a sanções civis, penais e administrativas, aplicadas cumulativamente".[90] De sorte que a coisa julgada penal no sentido da absolvição do réu não necessariamente interfere no direito civil. Um exemplo trazido pela doutrina aborda a seguinte hipótese:

> O direito penal exige a culpa em sentido estrito para a condenação, enquanto o direito civil pode sancionar o devedor que a tenha agido com culpa, ainda que no grau mínimo. Assim pode ser o réu absolvido no processo penal por falta de provas (CPP. 386 V) e responder ação civil e ser condenado a indenizar pelo mesmo fato.[91]

Pois bem, o primeiro ponto a ser destacado é que a responsabilidade civil é independente da criminal. Isso significa que uma pessoa pode ser processada civilmente para reparar um dano, independentemente de estar sendo processada criminalmente pelo mesmo fato. Em outras palavras, o fato de não haver condenação criminal não impede que a vítima busque reparação civil pelos danos sofridos.

Se alguém causa um acidente de trânsito em que há vítimas, essa pessoa pode ser processada criminalmente por lesão corporal culposa (se não houve intenção) ou dolosa (se houve intenção). Paralelamente, as vítimas podem ingressar com uma ação civil para obter indenização pelos danos materiais e morais sofridos, independentemente do desfecho do processo criminal.

O segundo ponto importante do artigo 935 é que, uma vez decididas no juízo criminal as questões relativas à existência do fato e à autoria, essas decisões não podem ser mais questionadas no juízo civil. Em outras palavras, se um tribunal criminal já decidiu que um fato ocorreu e identificou quem foi o autor, essas questões não podem mais ser rediscutidas em uma ação civil.

Se no julgamento criminal foi provado que uma pessoa cometeu um furto, essa decisão é vinculante no âmbito civil. Portanto, em uma ação civil de reparação de danos, não se pode questionar se o furto realmente ocorreu ou quem foi o autor. Inclusive, o STJ, há muito, julga pela independência das instâncias cíveis e criminais:

> Na hipótese, verifica-se que acerca do mesmo fato – constatação da existência de diferença na metragem de imóvel objeto de contrato de compra e venda – foram ajuizadas ações cível e criminal. Aquela, visando ao abatimento do preço; esta, à condenação do recorrente pela prática do crime tipificado no art. 171 do Código Penal. A norma estatuída no art. 935 do Código Civil consagra, de um lado, a independência entre a jurisdição cível e a penal; de outro, dispõe que não se pode questionar mais sobre a existência do fato, ou sua autoria, quando

---

[90] NERY JUNIOR, Nelson; NERY Rosa Maria de Andrade. *Código civil comentado*. 11. ed. São Paulo: Revista dos Tribunais, 2014, p. 1.244.

[91] Ibidem.

a questão se encontrar decidida no juízo criminal. Tratou o legislador, em suma, de estabelecer a existência de uma autonomia relativa – ou mitigada – entre essas esferas. Essa relativização da independência de jurisdições se justifica em virtude de o direito penal incorporar em seus cânones exigência probatória mais rígida para a solução das questões submetidas a seus ditames, sobretudo em decorrência do princípio da presunção de inocência.

O direito civil, por sua vez, parte de pressupostos diversos. Neste, se autoriza que o reconhecimento de culpa, ainda que levíssima, possa conduzir à responsabilização do agente e, consectariamente, ao dever de indenizar. O juízo cível é, portanto, menos rigoroso do que o criminal no que concerne aos pressupostos da condenação, o que explica a possibilidade de haver decisões aparentemente conflitantes em ambas as esferas. Em última análise, deriva da interpretação do art. 935 do CC que a ação em que se discute a reparação civil somente estará prejudicada na hipótese de a sentença penal absolutória fundamentar-se, em definitivo, na inexistência do fato ou na negativa de autoria. Dessa ordem de ideias, resulta que a sentença penal absolutória fundada na falta de prova apta a ensejar a condenação, como no particular, não possui o condão de vincular o juízo cível.[92]

O artigo em tela proporciona segurança jurídica, evitando que decisões conflitantes sejam proferidas em diferentes esferas judiciais sobre os mesmos fatos e autores. Uma vez estabelecidos esses pontos no âmbito criminal, o processo civil deve aceitá-los como verdade. Facilita, ainda, assim pensamos, o andamento do processo civil, pois questões já decididas no juízo criminal não precisam ser rediscutidas, tornando o processo mais rápido e eficiente.

A independência das responsabilidades permite que a justiça civil complemente a justiça criminal. Mesmo que uma pessoa não seja condenada criminalmente (por falta de provas suficientes, por exemplo), ela ainda pode ser responsabilizada civilmente se houver prova de que causou dano a alguém.

Se a punibilidade for extinta no âmbito criminal (por prescrição, por exemplo), isso não impede a ação civil. A extinção da punibilidade

[92] CIVIL E PROCESSUAL CIVIL. RECURSO ESPECIAL. AÇÃO EX EMPTO. EMBARGOS DE DECLARAÇÃO. OMISSÃO, CONTRADIÇÃO OU OBSCURIDADE. NÃO OCORRÊNCIA. PREQUESTIONAMENTO. AUSÊNCIA. SENTENÇA PENAL ABSOLUTÓRIA. FALTA DE PROVAS. TRÂNSITO EM JULGADO. INOCORRÊNCIA. VINCULAÇÃO DO JUÍZO CÍVEL. IMPOSSIBILIDADE. 1. Inexistindo, no acórdão recorrido, os vícios apontados pelo recorrente, não há violação ao art. 535 do CPC. 2. A ausência de decisão acerca de dispositivos legais indicados como violados, não obstante a interposição de embargos de declaração, obsta a análise da insurgência. 3. A norma do artigo 935 do Código Civil consagra a independência relativa das jurisdições cível e criminal. 4. Somente na hipótese de a sentença penal absolutória fundamentar-se na inexistência do fato ou na negativa de autoria está impedida a discussão no juízo cível. 5. A decisão fundamentada na falta de provas aptas a ensejar a condenação criminal, como no particular, não restringe o exame da questão na esfera cível. Precedentes. 6. A sentença criminal ainda não transitada em julgado revela-se inapta a irradiar o efeito vinculante pretendido pelo recorrente. 7. Recurso especial não provido. (BRASIL. Superior Tribunal de Justiça. Terceira Turma. *REsp n. 1.164.236/MG*. Rel. Mina. Nancy Andrigh. Julgado em: 21/2/2013. Disponível em: https://scon.stj.jus.br/SCON/GetInteiroTeorDoAcordao?num_registro=200902115024&dt_publicacao=28/02/2013. Acesso em: 09 abr. 2025).

não significa que o fato não ocorreu ou que não houve dano, apenas que o Estado não pode mais punir criminalmente o autor. Claro, também, devemos estar atento à eventual prescrição da pretensão de reparação no juízo cível.

O artigo 935 desempenha um papel crucial na integração entre as esferas civil e criminal da justiça. Ele assegura que a responsabilidade civil possa ser buscada de maneira independente da criminal, ao mesmo tempo em que estabelece que decisões criminais sobre fatos e autoria são vinculantes no âmbito civil. Isso promove segurança jurídica, ao mesmo tempo em que garante que as vítimas possam buscar a reparação completa pelos danos sofridos, independentemente dos desdobramentos criminais.

O STJ analisou a regra do art. 935 em relação a um acidente de trânsito.[93]

Pois bem, a proposta de revisão em relação ao art. 935 assim segue:

> Art. 935. A responsabilidade civil é independente da criminal, não se podendo questionar mais sobre a existência do fato ou sobre quem seja o seu autor, quando estas questões se acharem decididas no juízo criminal.
>
> § 1º A fixação, na esfera penal, de indenização civil mínima ao ofendido e à sua família não obsta a reparação civil integral dos lesados a ser fixada em processo autônomo movido contra o condenado ou contra aqueles que civilmente responderem por seus atos.
>
> § 2º A sentença penal condenatória servirá para instruir pretensão cível de reparação integral dos danos contra o condenado e terceiros responsáveis, facultan-

---

93 AGRAVO INTERNO NO AGRAVO EM RECURSO ESPECIAL. PROCESSUAL CIVIL. NEGATIVA DE PRESTAÇÃO JURISDICIONAL. INEXISTÊNCIA. ACIDENTE DE TRÂNSITO. VITIMA FATAL. COISA JULGADA. AFASTAMENTO. ESFERAS PENAL E CIVIL. INDEPENDÊNCIA. SÚMULA Nº 83/STJ. RESPONSABILIDADE CIVIL. CULPA. REEXAME DE PROVAS. SÚMULA Nº 7/STJ. VALORAÇÃO DA PROVA. DANO MORAL. VALOR. REDUÇÃO. IMPOSSIBILIDADE. JUROS DE MORA. TERMO INICIAL. SÚMULA Nº 54/STJ. 1. Recurso especial interposto contra acórdão publicado na vigência do Código de Processo Civil de 2015 (Enunciados Administrativos nºs 2 e 3/STJ). 2. Não há falar em negativa de prestação jurisdicional se o tribunal de origem motiva adequadamente sua decisão, solucionando a controvérsia com a aplicação do direito que entende cabível à hipótese, apenas não no sentido pretendido pela parte. 3. A responsabilidade civil é independente da criminal, não interferindo no andamento da ação de reparação de danos que tramita no juízo cível eventual absolvição por sentença criminal que, a despeito de reconhecer a culpa exclusiva da vítima pelo acidente, não ilide a autoria ou a existência do fato. Precedente. 4. No caso concreto, rever a conclusão do aresto impugnado acerca da responsabilidade da recorrente e do valor da indenização por dano moral encontra o óbice da Súmula nº 7 do Superior Tribunal de Justiça. 5. A errônea valoração da prova que enseja a incursão desta Corte na questão é a de direito, ou seja, quando decorre de má aplicação de regra ou princípio no campo probatório, e não que se colham novas conclusões a respeito dos elementos informativos do processo. 6. Nos termos da orientação firmada nesta Corte Superior, em se tratando de responsabilidade civil extracontratual, como no caso em tela, os juros de mora fluem a partir da data do evento danoso, nos termos da Súmula nº 54/STJ. Precedente. 7. Agravo interno não provido. (BRASIL. Superior Tribunal de Justiça. Terceira Turma. *AgInt no AREsp n. 1.469.104/DF*. Rel. Min. Ricardo Villas Bôas Cueva. Julgado em 16/03/2020. Disponível em: chrome-extension://efaidnbmnnnibpcajpcglclefindmkaj/https://scon.stj.jus.br/SCON/GetInteiroTeorDoAcordao?num_registro=201900750742&dt_publicacao=19/03/2020. Acesso em: 21 jun. 2024).

do-lhes ampla defesa, sem que possam contrapor-se à existência do fato e de sua autoria, causas da pretensão indenizatória.

§ 3º A sentença, prolatada nos termos do inciso IV do art. 387 do Decreto-Lei nº 3.689, de 3 de outubro de 1941 (Código de Processo Penal), tem eficácia civil contra o condenado, para a execução do valor indenizatório mínimo fixado no juízo criminal.

§ 4º O valor da indenização mínima, fixado no juízo criminal, e recebido pelo ofendido, não será repetido, mesmo se procedente a revisão criminal, nem abatido da indenização final fixada no juízo cível.

A análise do artigo 935 do anteprojeto de atualização do Código Civil revela um esforço de harmonização entre a responsabilidade civil e a responsabilidade penal, trazendo maior clareza sobre os efeitos da condenação criminal no campo indenizatório. Percebemos que o dispositivo em questão busca alinhar a legislação civil com as inovações já introduzidas no Código de Processo Penal e na jurisprudência dos tribunais superiores, conferindo maior segurança jurídica na fixação das reparações.

O *caput* do artigo 935 mantém a independência entre a responsabilidade civil e a penal, mas com uma importante ressalva: "A responsabilidade civil é independente da criminal, não se podendo questionar mais sobre a existência do fato ou sobre quem seja o seu autor, quando estas questões se acharem decididas no juízo criminal".

A redação reforça a autonomia da responsabilidade civil em relação à esfera penal, mantendo o princípio de que a ação indenizatória pode ocorrer independentemente da condenação criminal. No entanto, o dispositivo mantém a vinculação parcial entre as esferas ao determinar que, se a existência do fato e sua autoria forem decididas na esfera criminal, não poderão ser rediscutidas no juízo cível.

Essa previsão já era extraída da doutrina e da jurisprudência, mas a revisão torna expresso esse entendimento, eliminando dúvidas sobre os efeitos da sentença penal na esfera civil.

Percebe-se, também, que a redação prevê o impacto da fixação de uma indenização mínima na esfera penal (§§ 1º, 3º e 4º).

O anteprojeto inova ao regulamentar a fixação de uma indenização civil mínima na sentença penal condenatória, conforme previsto no artigo 387, IV, do Código de Processo Penal. Essa previsão busca garantir que a vítima receba ao menos uma reparação parcial na própria esfera criminal, sem prejuízo da possibilidade de buscar uma indenização mais completa na esfera cível. Inclusive, haverá um diálogo com o princípio da reparação integral dos danos previstos na sistemática atual do Código Civil.[94]

[94] Art. 944. A indenização mede-se pela extensão do dano.

O parágrafo primeiro prevê que a fixação, na esfera penal, de indenização civil mínima ao ofendido e à sua família não obsta a reparação civil integral dos lesados a ser fixada em processo autônomo movido contra o condenado ou contra aqueles que civilmente responderem por seus atos.

Este primeiro parágrafo reafirma um dos pilares da responsabilidade civil contemporânea: o direito à reparação integral do dano. A previsão busca evitar que a indenização mínima fixada no juízo criminal – muitas vezes simbólica ou meramente ilustrativa – seja confundida com a reparação efetiva dos prejuízos causados à vítima e seus familiares. A mensagem do dispositivo é clara: o processo penal pode até oferecer uma resposta inicial, mas não substitui a plena recomposição dos danos, que permanece confiada à esfera cível, mediante ação autônoma. Vale destacar, ainda, que o dispositivo mantém aberta a possibilidade de responsabilização não só do autor direto do fato, mas também daqueles que, por força da lei, respondem civilmente por ele.

Por sua vez, o parágrafo segundo dispõe que a sentença penal condenatória servirá para instruir pretensão cível de reparação integral dos danos contra o condenado e terceiros responsáveis, facultando-lhes ampla defesa, sem que possam contrapor-se à existência do fato e de sua autoria, causas da pretensão indenizatória.

Neste segundo parágrafo, o anteprojeto reconhece a eficácia probatória qualificada da sentença penal condenatória no processo civil. Trata-se de um avanço em termos de segurança jurídica e de coerência entre as esferas penal e cível. Ao impedir que o fato e a autoria já reconhecidos na instância criminal sejam rediscutidos na via civil, o texto evita contradições judiciais e valoriza a autoridade do julgado penal.

Continuando, o parágrafo terceiro prevê que a sentença, prolatada nos termos do inciso IV do art. 387 do Decreto-Lei nº 3.689, de 3 de outubro de 1941 (Código de Processo Penal), tem eficácia civil contra o condenado, para a execução do valor indenizatório mínimo fixado no juízo criminal.

A redação apresenta importante consolidação legislativa: a possibilidade de execução imediata da indenização mínima fixada na sentença penal condenatória. Essa previsão, que já constava do art. 387, IV, do Código de Processo Penal, ganha aqui *status* de norma civil, conferindo à vítima um instrumento ágil para iniciar a cobrança do valor arbitrado no juízo criminal. A medida é especialmente relevante em termos de efetividade da tutela reparatória, permitindo que a vítima não precise aguardar o desfecho de um novo processo para ver satisfeita, ao menos parcialmente, sua pretensão indenizatória.

O quarto e último parágrafo prevê que o valor da indenização mínima, fixado no juízo criminal, e recebido pelo ofendido, não será repetido, mesmo se procedente a revisão criminal, nem abatido da indenização final fixada no juízo cível.

Este parágrafo inova ao estabelecer uma proteção concreta à vítima, conferindo-lhe segurança jurídica quanto ao valor já recebido na esfera penal. Mesmo que, no futuro, a sentença penal seja reformada por meio de revisão criminal, o valor pago não será devolvido. Além disso, essa quantia também não será automaticamente descontada da indenização que vier a ser fixada no juízo cível. A lógica aqui é clara: o valor mínimo tem caráter autônomo e não interfere na apuração do dano integral.

3.1.14. Artigo 936

Seguindo os estudos, a hipótese que temos na redação do art. 936[95] em vigor é a da responsabilidade objetiva pelo *fato do animal*. Sobre o detentor, este é o que assume a guarda e o zelo do animal.[96]

Existem duas exceções que podem exonerar o dono ou detentor do animal da responsabilidade: a) *culpa exclusiva da vítima*, ou seja, se o dono ou detentor do animal puder provar que o dano foi causado exclusivamente por um ato da vítima, ele poderá ser isentado da responsabilidade. Por exemplo, se a vítima provocou deliberadamente o animal, resultando em um ataque, o dono pode ser eximido de responsabilidade; b) *força maior*, que se configura quanto a eventos imprevisíveis e inevitáveis que estão fora do controle do dono ou detentor do animal. Se o dano foi resultado de um evento de força maior, o dono pode ser exonerado da responsabilidade.

A regra visa a proteger terceiros contra danos causados por animais, garantindo que as vítimas sejam compensadas pelos prejuízos sofridos. Ao estabelecer a responsabilidade objetiva, a lei incentiva os donos e detentores de animais a adotar medidas preventivas e de controle para evitar que seus animais causem danos a outras pessoas ou propriedades.

A importância do artigo 936 está na proteção que oferece a terceiros, assegurando que aqueles que são prejudicados por animais possam buscar ressarcimento.

---

[95] Redação atual: Art. 936. O dono, ou detentor, do animal ressarcirá o dano por este causado, se não provar culpa da vítima ou força maior.

[96] NERY JUNIOR, Nelson; NERY Rosa Maria de Andrade. *Código civil comentado.* 11. ed. São Paulo: Revista dos Tribunais, 2014, p. 1.246.

Na sistemática da atualização, temos o seguinte texto: "Art. 936. O proprietário, o guardião ou o detentor do animal será responsável, independentemente de culpa, pelo dano por este causado, salvo se provar fato exclusivo da vítima, de terceiro, caso fortuito ou força maior".

3.1.15. Artigo 936-A

Continuando, a proposta segue com a seguinte redação em relação ao art. 936-A:

> Art. 936-A. O proprietário ou o guardião será responsável, independentemente de culpa, pelo dano causado pela coisa, salvo se demonstrado que ela foi usada contra a sua vontade, fato exclusivo da vítima ou de terceiro, caso fortuito ou força maior.
>
> Parágrafo único. Considera-se guardião, para os fins do disposto no caput, quem exerce, por si ou por terceiros, o uso, a direção e o controle da coisa, ou quem dela obtém um proveito.

O artigo do anteprojeto de atualização do Código Civil introduz uma nova abordagem na responsabilidade civil por danos causados por coisas, reforçando a lógica da responsabilidade objetiva e aprimorando a delimitação da figura do guardião.

A redação estabelece que o proprietário ou guardião responde pelos danos causados pela coisa independentemente de culpa, ou seja, adota a responsabilidade objetiva. Essa formulação reforça a tendência do direito civil contemporâneo de privilegiar a proteção da vítima, assegurando a reparação do dano sem a necessidade de comprovação de negligência, imperícia ou imprudência.

Seguindo a análise, o dispositivo prevê excludentes de responsabilidade, as quais afastam o nexo causal. A primeira ocorre quando a coisa for empregada sem autorização do proprietário ou do guardião. A segunda se dá pelo fato exclusivo da vítima, ou seja, quando a própria vítima der causa ao dano, impedindo a responsabilização do proprietário ou do guardião. A terceira hipótese trata do fato de terceiro, quando uma pessoa estranha à relação for o agente causador do dano. Por fim, há a previsão de exclusão da responsabilidade nos casos de caso fortuito ou força maior, quando há eventos imprevisíveis e inevitáveis.

Entendemos que esse modelo se alinha a outros dispositivos da responsabilidade objetiva já existentes no Código Civil, como a responsabilidade do dono do animal e do dono de edifícios ou construções. Essa consolidação normativa fortalece a previsibilidade e a segurança jurídica, ao delimitar de forma clara a atribuição de responsabilidade e suas excludentes.

O parágrafo único traz uma definição clara e moderna do conceito de guardião da coisa, atribuindo-lhe a mesma responsabilidade do proprietário. Considera-se guardião aquele que exerce o uso, a direção e o controle da coisa, seja diretamente ou por intermédio de terceiros, ou obtém proveito dela.

Entendemos que essa ampliação é relevante, pois evita lacunas jurídicas sobre quem deve responder pelo dano, especialmente em situações em que o proprietário não possui a coisa *de fato* (posse direta), como nos casos de veículos alugados, empréstimos de bens. A definição clara do guardião evita a perpetuação de litígios sobre a titularidade da responsabilidade, assegurando uma resposta mais célere às vítimas.

Entre os possíveis impactos e críticas, destacam-se os seguintes pontos. A norma amplia a proteção à vítima, reforçando a ideia de reparação integral e facilitando a comprovação do direito à indenização. Além disso, traz maior segurança jurídica ao definir claramente o conceito de guardião, evitando discussões sobre quem deve responder pelo dano.

3.1.16. Artigo 937

Dando continuidade, a redação artigo 937 do Código Civil prevista no anteprojeto nos revela que: "O titular do prédio ou do edifício, o dono da construção, bem como os titulares de direito real de uso, habitação e usufruto respondem objetiva e solidariamente pelos danos que resultarem de sua ruína, total ou parcial".

O artigo do anteprojeto amplia e reforça a responsabilidade civil em relação à ruína de prédios e construções, consolidando a responsabilidade objetiva dos titulares de direitos sobre o imóvel e estabelecendo solidariedade entre eles.

A redação prevê que o titular do prédio ou edifício, o dono da construção, bem como os titulares de direito real de uso, habitação e usufruto, respondem de forma objetiva e solidária pelos danos causados pela ruína total ou parcial da edificação.

Entendemos que essa ampliação da responsabilidade acompanha a evolução do direito civil na busca por maior proteção às vítimas. A responsabilização objetiva dispensa a prova de culpa dos envolvidos, bastando a demonstração do dano e do nexo causal para que a reparação seja devida. Essa abordagem está alinhada com a teoria do risco, segundo a qual aquele que aufere benefícios de uma situação deve responder pelos danos que dela decorram.

O dispositivo também estabelece a solidariedade entre os sujeitos mencionados, o que permite à vítima demandar qualquer um deles para obter a indenização. Entendemos que essa previsão reforça a efetividade da tutela reparatória, pois evita que a vítima enfrente dificuldades para identificar o responsável direto pelo dano, especialmente em situações em que há pluralidade de titulares sobre o imóvel.

O artigo representa um avanço em relação ao texto atual do Código Civil, que prevê a responsabilidade do dono da construção apenas quando a ruína ocorre por falta de reparos.[97] O anteprojeto, ao excluir essa exigência, fortalece a proteção às vítimas e reduz a necessidade de discussões processuais acerca da causa do desmoronamento.

No Rio de Janeiro, podemos observar o dever de reparação em decorrência de uma queda de cobertura de garagem em um condomínio.[98]

Por outro lado, entendemos que a ampliação da responsabilidade para os titulares de direitos reais de uso, habitação e usufruto pode gerar questionamentos quanto à extensão da obrigação de manutenção e conservação do imóvel. Em situações concretas, será necessário avaliar a relação jurídica entre esses titulares e o proprietário, a fim de evitar que a responsabilidade recaia sobre quem não tinha controle efetivo sobre as condições estruturais da edificação.

O dispositivo moderniza a disciplina da responsabilidade civil por ruína de edificações, reforçando a proteção dos prejudicados e eliminando a necessidade de provar a culpa dos responsáveis. No entanto, entendemos que sua aplicação deverá considerar as particularidades

---

[97] Art. 937. O dono de edifício ou construção responde pelos danos que resultarem de sua ruína, se esta provier de falta de reparos, cuja necessidade fosse manifesta.

[98] APELAÇÃO CÍVEL. DIREITO CIVIL. QUEDA DE COBERTURA DE GARAGEM. DANOS CAUSADOS EM VEÍCULO DE CONDÔMINO. RESPONSABILIDADE OBJETIVA DO CONDOMÍNIO EDILÍCIO. APLICAÇÃO DO ART. 938 DO CÓDIGO CIVIL. FORTES CHUVAS OCORRIDAS NO DIA DO ACIDENTE. ALEGAÇÃO DE CASO FORTUITO. AFASTAMENTO. AUSÊNCIA DE PROVAS. DEVER DO CONDOMÍNIO DE ADEQUADAMENTE CONSERVAR SUAS ESTRUTURAS. REEMBOLSO DOS GASTOS COM OS CONSERTO DO VEÍCULO. DIREITO DE SUB-ROGAÇÃO. ART. 346, III, DO CÓDIGO CIVIL. PROCEDÊNCIA DO PEDIDO. INTERPOSIÇÃO DE APELAÇÃO. IMPROVIMENTO DO RECURSO. 1. Trata-se ação proposta por associação, objetivando o ressarcimento de gastos com reparos de veículo de associados, em razão de danos causados por queda de cobertura da garagem, de responsabilidade do condomínio. 2. Nos termos do art. 346, III do Código Civil, a sub-rogação opera-se, de pleno direito, em favor "do terceiro interessado, que paga a dívida pela qual era ou podia ser obrigado, no todo ou em parte". 3. Nos termos do art. 937 do Código Civil, o "dono de edifício ou construção responde pelos danos que resultarem de sua ruína, se esta provier de falta de reparos, cuja necessidade fosse manifesta". 4. A alegação de caso fortuito não afasta a responsabilidade objetiva do condomínio, já que não foi demonstrada nos autos a regular manutenção na estrutura da cobertura, ônus que incumbia ao condomínio, na forma do art. 373, II do CPC. 5. Recurso desprovido. (BRASIL. Tribunal de Justiça do Rio de Janeiro. Oitava Câmara de Direito Privado. *Apelação n.º 0304580-60.2021.8.19.0001*. Rel. Des: Elton Martinez Carvalho Leme. Julgado em: 11/02/2025. Disponível em: https://www3.tjrj.jus.br/EJURIS/temp/d233107a-7981-44f8-ae12-a2114eeec956.html. Acesso em: 09 abr. 2025).

de cada relação jurídica, de modo a garantir que a responsabilização recaia sobre quem efetivamente tinha condições de evitar o dano.

3.1.17. Artigo 938

A redação do art. 938 do anteprojeto de atualização do Código Civil vem no sentido de que:

> Aquele que habitar ou ocupar prédio ou parte dele, será responsável, independentemente de culpa, pelos danos provenientes das coisas que dele caírem ou forem lançadas em lugar indevido.
>
> Parágrafo único. Se a coisa cair ou for lançada de prédio com muitas habitações, sem que se possa identificar de onde proveio, responderá o condomínio, assegurado o direito de regresso.

O dispositivo reforça a responsabilidade objetiva daquele que habita ou ocupa um prédio ou parte dele, atribuindo-lhe o dever de indenizar pelos danos causados por objetos que caírem ou forem arremessados indevidamente.

Essa norma segue a linha já adotada pelo Código Civil,[99] mas amplia a delimitação da responsabilidade ao especificar que qualquer ocupante do imóvel poderá ser responsabilizado. A exigência da reparação independe de culpa, o que significa que basta a ocorrência do dano e o nexo causal para que o ressarcimento seja devido.

O parágrafo único apresenta uma solução para casos em que o objeto é lançado de um edifício com várias unidades sem que se possa identificar de onde proveio. Nessa hipótese, a responsabilidade recai sobre o condomínio, que terá direito de regresso contra o verdadeiro responsável. Acreditamos que essa previsão fortalece a proteção da vítima, garantindo que não fique desamparada diante da dificuldade de identificação do causador do dano. No entanto, será essencial observar como essa regra será aplicada na prática, sobretudo quanto à forma de distribuição do ônus entre os condôminos e a possibilidade de questionamentos sobre a responsabilidade do condomínio.

No Paraná podemos observa que foi afastada a responsabilidade de um condomínio, pois a pessoa que jogou arremessou objetos foi identificada.[100]

---

[99] Art. 938. Aquele que habitar prédio, ou parte dele, responde pelo dano proveniente das coisas que dele caírem ou forem lançadas em lugar indevido.

[100] APELAÇÃO CÍVEL. CONDOMÍNIO. AÇÃO DE INDENIZAÇÃO POR DANOS MATERIAIS E MORAIS. ARREMESSO DE OBJETOS POR CONDÔMINO EM IMÓVEL VIZINHO.AGRAVO RETIDO. NOMEAÇÃO À AUTORIA.DESCABIMENTO. SITUAÇÃO QUE NÃO SE AMOLDA ÀS HIPÓTESES LEGAIS (ARTS. 62 E 63 DO CÓDIGO DE PROCESSO CIVIL DE 1973, VIGENTE À ÉPOCA).APELAÇÃO. RESPONSABILIDADE DO CONDOMÍNIO LIMITADA AOS CASOS EM QUE NÃO É POSSÍVEL IDENTIFICAR O RESPONSÁVEL PELOS LANÇAMENTOS. 1. De

3.1.18. Artigo 938-A

O artigo 938-A do anteprojeto de atualização do Código Civil prevê no sentido de: "Quem ocupa imóvel, situado em logradouro público ou inserido como unidade de condomínio edilício, loteamento ou condomínio de lotes, responde pelos danos ao sossego, à segurança e à saúde da vizinhança."

O dispositivo amplia a responsabilidade do ocupante de imóvel, independentemente de sua titularidade, estendendo-a aos danos que afetem a vizinhança. O texto reforça o dever de respeito ao sossego, à segurança e à saúde dos demais moradores da região.

Entendemos que essa previsão guarda sintonia com a boa convivência e a função social da propriedade, já presente no ordenamento jurídico. Contudo, o anteprojeto expande essa obrigação ao deixar claro que a responsabilidade não se limita ao proprietário, mas se estende a qualquer ocupante. Isso significa que locatários, comodatários e possuidores de fato poderão ser responsabilizados caso suas condutas interfiram no bem-estar coletivo.

Na prática, a regra pode facilitar a responsabilização em casos de perturbação da vizinhança, como poluição sonora, riscos estruturais e descarte indevido de resíduos. Defendemos que essa ampliação contribui para a pacificação social, mas será necessário delimitar melhor o nexo causal para evitar responsabilizações excessivas ou indevidas.

Trazendo o tema ou estabelecendo um diálogo com *o direito de vizinhança*, vemos entendimento do Superior Tribunal de Justiça acerca da responsabilidade objetiva do proprietário e em razão da natureza *propter rem*.[101]

---

acordo com a regra do art. 938 do Código Civil Brasileiro, "Aquele que habitar prédio, ou parte dele, responde pelo dano proveniente das coisas que dele caírem ou forem lançadas em lugar indevido". Todavia, na impossibilidade de se identificar o autor dos arremessos, prevalece na jurisprudência a orientação de que o condomínio responde pelos danos decorrentes do ato ilícito.2. Tendo sido identificado o sujeito responsável pelos lançamentos, descabida a condenação do condomínio. AGRAVO RETIDO E APELAÇÃO DESPROVIDOS. (BRASIL. Tribunal de Justiça do Paraná. Nona Câmara Cível. *Apelação Cível nº 1.595.848-8*. Rel. Des: Vilma Régia Ramos de Rezende. Julgado em:. 01/06/2017. Disponível em: https://portal.tjpr.jus.br/jurisprudencia/j/12367104/Ac%C3%B3rd%C3%A3o-#integra_12367104. Acesso em: 09 abr. 2025).

[101] AGRAVO INTERNO NO AGRAVO EM RECURSO ESPECIAL. AÇÃO DE RITO COMUM. INDENIZAÇÃO POR DANOS CAUSADOS AO IMÓVEL DOS AUTORES. RECONHECIMENTO DE FATO SUPERVENIENTE, NA SENTENÇA. POSSIBILIDADE. AUSÊNCIA DE DECISÃO-SURPRESA. DIREITO DE VIZINHANÇA. OBRIGAÇÕES PROPTER REM. RESPONSABILIDADE DO PROPRIETÁRIO-ARRENDANTE. AGRAVO INTERNO IMPROVIDO. 1. A atribuição de nova qualificação jurídica para fatos expressamente registrados no acórdão de 2º grau não caracteriza decisão-surpresa, no âmbito do recurso especial. 2. "Tratando-se de direito de vizinhança a obrigação é propter rem, ou seja, decorre da propriedade da coisa. Por isso, o proprietário, com posse indireta, não pode se eximir de responder pelos danos causados pelo uso indevido de sua propriedade. Em resumo: o proprietário, em razão da natureza propter rem da

3.1.19. Artigo 939

O dispositivo do art. 939 do anteprojeto de atualização do Código Civil dispõe que:

> O credor que cobrar ou demandar o devedor antes de vencida a dívida, fora dos casos em que a lei o permita, ficará obrigado a esperar o tempo que faltava para o vencimento, a descontar os juros correspondentes, ainda que estipulados e a pagar as custas em dobro.

O dispositivo busca inibir cobranças indevidas antes do vencimento da dívida, impondo sanções ao credor que agir de forma precipitada.

Entendemos que essa regra reforça a segurança do devedor e coíbe abusos praticados por credores que tentam antecipar indevidamente o cumprimento da obrigação. A penalidade imposta ao credor inclui a suspensão da cobrança até o vencimento original, o desconto dos juros e a obrigação de arcar com as custas processuais em dobro.

O Código Civil já prevê sanções para atos contrários à boa-fé,[102] mas o anteprojeto explicita de maneira mais objetiva as consequências do adiantamento indevido da cobrança. A medida pode evitar litígios desnecessários e garantir maior equilíbrio na relação entre credores e devedores.

No julgamento da Apelação Cível nº 0002696-45.2013.8.11.0010, o Tribunal de Justiça de Mato Grosso reafirmou um princípio fundamental: o devedor não pode ser penalizado por falhas que não lhe são atribuíveis.

O caso envolveu um contrato de empréstimo consignado firmado entre um servidor público e o banco HSBC. As parcelas eram descontadas diretamente da folha de pagamento, porém, em determinado momento, o valor repassado à instituição financeira passou a ser inferior ao contratado – não por iniciativa do devedor, mas por decisão da própria fonte pagadora, que limitou os descontos à margem consignável permitida por lei.

---

obrigação, possui legitimidade passiva ad causam para responder por eventuais danos relativos a uso de sua propriedade" (REsp 1.125.153/RS, Rel. Ministro MASSAMI UYEDA, TERCEIRA TURMA, julgado em 04/10/2012, DJe de 15/10/2012). 3. No caso, a proprietária-arrendante e o possuidor-arrendatário respondem pelos danos causados ao imóvel vizinho, em razão da falta de manutenção e de drenagem do solo da propriedade. 4. Agravo interno improvido. (BRASIL. Superior Tribunal de Justiça. Quarta Turma. *AgInt no AREsp n. 2.624.804/SP*. Rel. Min. Raul Araújo. Julgado em 04/11/2024. Disponível em: https://processo.stj.jus.br/processo/julgamento/eletronico/documento/?documento_tipo=integra&documento_sequencial=280330847&registro_numero=202401154570&peticao_numero=202400831691&publicacao_data=20241129. Acesso em: 09 abr. 2025).

[102] Art. 939. O credor que demandar o devedor antes de vencida a dívida, fora dos casos em que a lei o permita, ficará obrigado a esperar o tempo que faltava para o vencimento, a descontar os juros correspondentes, embora estipulados, e a pagar as custas em dobro.

Ainda assim, o banco ajuizou execução, alegando inadimplência e requerendo o vencimento antecipado da dívida. O Judiciário, no entanto, entendeu de forma diferente: não houve mora, pois o devedor jamais deixou de cumprir voluntariamente com sua obrigação. O erro estava no repasse, de responsabilidade do convênio entre banco e empregador.

Por essa razão, aplicou-se o art. 939 do Código Civil, que protege o devedor em situações em que a cobrança ocorre antes do vencimento legítimo da obrigação. Com isso, o banco foi condenado a aguardar o vencimento, a descontar juros indevidos e a arcar com as custas processuais em dobro.

Esse julgamento reforça a necessidade de respeito à boa-fé contratual e aos limites da responsabilidade do consumidor, especialmente em operações automatizadas e com múltiplos agentes. Afinal, não é justo cobrar de alguém por algo que ele nunca deixou de tentar cumprir.[103]

3.1.20. Artigo 940

Dando seguimento aos comentários à revisão, o art. 940 apresenta a seguinte regra:

---

[103] APELAÇÃO – EMBARGOS À EXECUÇÃO – EMPRÉSTIMO CONSIGNADO – REPASSE REALIZADO A MENOR PELA FONTE PAGADORA – RESPONSABILIDADE NÃO IMPUTÁVEL AO MUTUÁRIO – NULIDADE DA EXECUÇÃO – CONTRATO DE EMPRÉSTIMO INEXIGÍVEL – VENCIMENTO ANTECIPADO – MORA – INOCORRÊNCIA – *APLICAÇÃO* DO *DISPOSTO* NO *ART. 939* DO *CÓDIGO CIVIL* – RECURSO DESPROVIDO. 1. É cediço que a execução para cobrança de crédito fundar-se-á sempre em título de obrigação certa, líquida e exigível, a teor do que dispõe o artigo 586 do Código Processo Civil. 2. Por outro lado, o inciso I, do art. 618 do mesmo diploma legal prescreve que é nula a execução se o título executivo extrajudicial não corresponder a obrigação certa, líquida e exigível. 3. Na hipótese, a inadimplência do Apelado se deu por culpa do empregador (TJMT) do autor, que se comprometeu a efetuar o desconto do valor da parcela e seu efetivo repasse à instituição financeira, ora Apelante. E, ainda, pelo ora Apelante, uma vez que cabia a este averiguar junto ao ente público empregador a redução do valor do repasse de cada parcela. 4. Logo, eventual desídia da fonte pagadora em proceder aos descontos ou repasse dos valores à Recorrente não pode ser imputada ao Recorrido, por ser questão afeta a outra relação jurídica, qual seja, ao convênio firmado entre a instituição financeira e a fonte pagadora responsável pelo pagamento dos vencimentos/proventos do mutuário. 5. Ademais, em que pese a redução efetuada pela fonte pagadora, não há prova nos autos de que o banco Apelante tenha entrado em contato com o ora Apelado, a fim de requerer o pagamento da diferença, de modo que, não o fazendo, não pode imputar ao devedor desídia no pagamento. 6. Neste contexto, a meu sentir, não há como reconhecer a mora do ora Apelado e, por consequência, o vencimento antecipado do contrato, razão pela qual a execução não deve prevalecer, por falta de um dos requisitos essenciais, qual seja, exigibilidade. 7. Assim, entendo aplicável à hipótese a norma prevista no art. 939 do Código Civil. 8. Todavia, convém ressaltar que nada obsta o Apelante de perseguir seu direito de efetuar a cobrança das diferenças não pagas, por outro meio hábil, observando-se, porém, o disposto no art. 396 do Código Civil. (BRASIL. Tribunal de Justiça do Mato Grosso. QUARTA Câmara de Direito Privado. *Apelação Cível n.º 0002696-45.2013.8.11.0010*. Rel. Des: Serly Marcondes Alves. Julgado em: 08/07/2015. Disponível em: https://jurisprudencia.tjmt.jus.br/consulta?aba=Acordao&isTelaInicial=false&txtBusca=APLICADO%20DISPOSTO%20NO%20ART939%20DO%20CODIGO%20CIVIL%22&isBasica=true&indice=1&quantidade=5&ordenarPor=DataDecrescente&ordenarDataPor=Julgamento&tipoBusca=1&thesaurus=false&fqTermos=&k=ln6pv. Acesso em: 10 abr. 2025).

Aquele que demandar por dívida inexistente ou já paga, no todo ou em parte, sem ressalvar as quantias recebidas ou pedir mais do que for devido, ficará obrigado a pagar ao devedor, no primeiro caso, o dobro do que houver cobrado e, no segundo, o equivalente do que dele exigir, sem prejuízo de arbitramento de valor compensatório complementar, caso as quantias cobradas sejam de módico valor.

O dispositivo busca coibir práticas abusivas relacionadas à cobrança indevida de dívidas, punindo aqueles que ajuizarem ações baseadas em obrigações já quitadas ou inexistentes. A atualização manteve o mesmo número do art. 940 do Código Civil.[104]

A redação do artigo mantém a sanção do Código Civil vigente, que já prevê a obrigação de pagar em dobro ao devedor no caso de cobrança indevida. No entanto, a nova formulação detalha melhor as hipóteses de incidência e acrescenta a possibilidade de arbitramento de um valor compensatório complementar, caso a quantia cobrada seja irrisória. Essa inovação impede que credores tentem abusar do sistema judicial para exigir pequenos valores sem sofrer uma punição proporcional ao dano causado.

Observamos que essa mudança reforça a proteção ao devedor, alinhando-se ao princípio da boa-fé objetiva, que orienta as relações contratuais e processuais. A norma desestimula cobranças temerárias e previne o uso do processo judicial como meio de coerção ilegítima.

Por outro lado, será essencial verificar a aplicação prática da compensação complementar prevista no artigo. Como o texto não define critérios objetivos para sua fixação, caberá ao Judiciário modular essa compensação caso a caso, o que pode gerar certa insegurança jurídica.

O Superior Tribunal de Justiça analisou um caso em que um banco ajuizou execução contra um sócio representante de uma empresa, tentando responsabilizá-lo por uma dívida que, ao final, se revelou inexistente para ele.

A parte executada apresentou embargos, que foram acolhidos e extinguiram integralmente a execução. Diante disso, surgiu o debate: seria possível aplicar o art. 940 do Código Civil, que prevê sanções para quem cobra dívida indevida?

A resposta do STJ foi negativa. O Tribunal explicou que o art. 940 deve ser interpretado de forma restritiva, pois se trata de norma puniti-

[104] Art. 940. Aquele que demandar por dívida já paga, no todo ou em parte, sem ressalvar as quantias recebidas ou pedir mais do que for devido, ficará obrigado a pagar ao devedor, no primeiro caso, o dobro do que houver cobrado e, no segundo, o equivalente do que dele exigir, salvo se houver prescrição.

va e excepcional. Ele só pode ser aplicado quando há uma relação jurídica direta entre as partes, o que não ficou caracterizado no caso, já que o sócio não era devedor nem responsável pela dívida. Ou seja, embora tenha sofrido a execução, não havia vínculo anterior que justificasse a penalidade prevista no artigo.

Além disso, o STJ afastou a tese de litigância de má-fé, reconhecendo que, apesar de equivocada, a conduta do banco não foi abusiva ao ponto de merecer sanções adicionais.

Mesmo diante de uma cobrança indevida, a aplicação do art. 940 do Código Civil exige cautela e limites claros. Não basta que a dívida seja inexistente: é necessário que o credor tenha agido com abuso, má-fé ou fora dos parâmetros legais contra quem de fato estivesse obrigado. Quando isso não se verifica, a sanção do art. 940 não se aplica, o que evita o uso punitivo do Direito Civil em situações de mera interpretação equivocada ou litigância honesta.[105]

---

[105] RECURSO ESPECIAL. CIVIL E PROCESSUAL CIVIL. EMBARGOS À EXECUÇÃO. EXECUÇÃO AJUIZADA CONTRA SÓCIO REPRESENTANTE DA EMPRESA DEVEDORA. DÍVIDA INEXISTENTE. APLICAÇÃO DO ART. 940 DO CC. IMPOSSIBILIDADE. INTERPRETAÇÃO RESTRITIVA. LITIGÂNCIA DE MÁ-FÉ. NÃO OCORRÊNCIA. ÔNUS DE SUCUMBÊNCIA. RESPONSABILIDADE. PARTE EMBARGADA. ACOLHIMENTO DO PEDIDO PRINCIPAL DE EXTINÇÃO INTEGRAL DA EXECUÇÃO. CRITÉRIO DE FIXAÇÃO. EQUIDADE. CPC/1973. RECURSO ESPECIAL PARCIALMENTE CONHECIDO E, NESSA EXTENSÃO, PARCIALMENTE PROVIDO. 1. O propósito recursal consiste em definir: i) a extensão da penalidade prevista no art. 940 do CC à hipótese de cobrança de dívida inexistente, em que ajuizada a execução, também, contra sócio representante da empresa devedora, mas que não era devedor nem responsável pela dívida exequenda; ii) a ocorrência de litigância de má-fé, a ensejar a aplicação das sanções daí decorrentes, pelo ajuizamento de execução contra quem não é devedor; e iii) a responsabilidade pelo pagamento dos ônus sucumbenciais. 2. Não havendo deliberação pelo Tribunal de origem acerca do conteúdo normativo do art. 187 do CC, a despeito da oposição de embargos de declaração, ressai inadmissível o recurso especial nesse aspecto, ante a ausência do indispensável prequestionamento, a atrair a incidência da Súmula 211/STJ. 3. O art. 940 do CC/2002 (equivalente ao art. 1.531 do CC/1916), por encerrar hipótese específica de sanção civil, reclama interpretação restritiva, somente se aplicando às hipóteses expressamente descritas, além de pressupor a existência de relação jurídica antecedente entre as partes. A pretensão indenizatória oriunda de cobrança indevida fundada em dívida inexistente, que não seja objeto de disciplina legal específica, submete-se às regras gerais circunscritas à responsabilidade civil. 4. Ante as sanções que decorrem do reconhecimento da litigância de má-fé, de aplicação de multa e de condenação ao pagamento de indenização, além do pagamento dos honorários advocatícios e de todas as despesas que a parte adversa efetuou, as hipóteses legalmente estabelecidas hão de ser interpretadas restritiva e taxativamente, em observância às regras de hermenêutica (acerca do direito excepcional, no qual se incluem as disposições de caráter punitivo). 5. Além disso, o ajuizamento da execução, em 15/6/2009, quando já transcorria em desfavor do banco exequente "Ação de Acertamento de Contas" proposta unicamente pela empresa executada Brasilton Belém Hotéis e Turismo S.A., não caracteriza má-fé, por si só, precipuamente ante a expressa permissão legal nesse sentido contida no art. 585, § 1º do CPC/1973, reproduzida no art. 784, § 1º, do CPC/2015. 6. Quanto à responsabilidade pelos ônus sucumbenciais, saliente-se que o credor da ação, ainda que em extensão menor do que a postulada, há de ser considerado vencedor, não lhe podendo ser atribuídos encargos provenientes da sucumbência, em observância ao princípio da causalidade e à lógica do razoável, pois a procedência parcial da ação evidencia que lhe era devido algum direito. 7. A jurisprudência do Superior Tribunal de Justiça, à luz do CPC/1973, é predominante no sentido de que, dada a sua natureza constitutiva, a procedência dos embargos à execução para extinguir a execução enseja o arbitramento dos respectivos honorários mediante apreciação equitativa pelo juiz, nos

3.1.21. Artigo 941

Pela leitura do art. 941 do anteprojeto de atualização do Código Civil:

> Não se aplicarão as penas previstas nos arts. 939 e 940 quando o autor desistir da ação antes de oferecida a contestação, ressalvado o direito do réu de haver indenização por algum prejuízo que prove ter sofrido.
>
> Parágrafo único. A desistência da ação não afasta o direito do demandado de exigir, por ação própria, a imputação de dano por exercício abusivo do direito.

O artigo estabelece uma exceção às penalidades previstas nos artigos anteriores, permitindo que o autor de uma demanda indevida evite as sanções caso desista da ação antes da contestação. A revisão manteve o mesmo número do art. 941 do Código Civil.[106]

Pensamos que, com essa previsão, a legislação cria um incentivo para que credores e litigantes que percebam a improcedência de seu pedido e recuem tempestivamente, evitando punições severas. No entanto, o dispositivo preserva o direito do réu de ser indenizado caso demonstre que sofreu algum prejuízo com a ação indevida.

Consideramos que essa regra traz um equilíbrio importante, pois desestimula litígios infundados sem desconsiderar eventuais danos que o réu possa ter sofrido, como custos advocatícios e impactos financeiros decorrentes da necessidade de defesa judicial.

O parágrafo único reforça essa lógica ao assegurar que a desistência da ação não impede que o réu busque indenização pelo abuso do direito de ação. Essa previsão é relevante para coibir o uso estratégico do processo como meio de intimidação ou pressão econômica sobre o devedor.

Porém, na prática, a aplicação dessa regra exigirá uma análise criteriosa por parte do Judiciário, especialmente quanto à comprovação dos prejuízos alegados pelo demandado. O equilíbrio entre a liberdade

---

termos do art. 20, § 4º, do CPC/1973, haja vista a ausência de condenação, não se vinculando ao valor da causa nem aos percentuais, mínimo e máximo, constantes do § 3º do referido códex. 8. Na hipótese, adotando-se como parâmetro o valor da execução tida como indevida, em sua integralidade, de R$ 23.072.283,47 (vinte e três milhões, setenta e dois mil, duzentos e oitenta e três reais e quarenta e sete centavos), reputa-se adequada e razoável a fixação dos honorários advocatícios no importe de R$ 2.000.000,00 (dois milhões de reais). 9. Recurso especial parcialmente conhecido e, nessa extensão, parcialmente provido. (BRASIL. Superior Tribunal de Justiça. Terceira Turma. *REsp n. 1.894.987/PA*. Re. Min. Marco Aurélio Bellizze. Julgado em: 07/11/2023. Disponível em: https://scon.stj.jus.br/SCON/GetInteiroTeorDoAcordao?num_registro=202002366960&dt_publicacao=14/11/2023. Acesso em: 10 abr. 2025).

[106] Art. 941. As penas previstas nos arts. 939 e 940 não se aplicarão quando o autor desistir da ação antes de contestada a lide, salvo ao réu o direito de haver indenização por algum prejuízo que prove ter sofrido.

de litigar e a necessidade de evitar abusos será fundamental para garantir a efetividade da norma.

No Distrito Federal, encontramos julgamento aplicando a previsão do artigo ora em análise.[107]

3.1.22. Artigo 942

O disposto no texto do art. 942 prevê o seguinte, mantida a numeração do atual Código Civil:[108]

> Os bens do responsável pela ofensa ou violação do direito de outrem ficam sujeitos à reparação do dano causado; se a ofensa tiver mais de um autor, todos responderão solidariamente pela reparação.
>
> § 1º São solidariamente responsáveis com os autores os coautores e as pessoas designadas nos incisos V a VIII do art. 932.
>
> § 2º Havendo solidariedade, aquele que efetivar o pagamento ao prejudicado poderá exercer o direito de regresso contra os demais responsáveis, na proporção da sua participação para a causa do evento danoso.

O artigo reafirma a responsabilidade patrimonial, estabelecendo que os bens do responsável pela ofensa ou violação de direitos devem garantir a reparação do dano causado. Essa disposição reforça a lógica de que o patrimônio do causador do dano responde pelo cumprimento da indenização, assegurando a efetividade da tutela reparatória.

O dispositivo também mantém a responsabilidade solidária entre os autores do dano. Isso significa que a vítima pode demandar qualquer um dos responsáveis pelo evento danoso, independentemente da participação individual de cada um. Essa previsão está em sintonia com a sistemática já adotada pelo Código Civil vigente, conferindo maior proteção ao prejudicado ao permitir que ele busque a reparação

---

[107] CIVIL – INDENIZAÇÃO – DANOS MATERIAIS – AÇÃO DE BUSCA E APREENSÃO DE VEÍCULO – PRESTAÇÕES QUITADAS – INDENIZAÇÃO EQUIVALENTE AO DOBRO DO VALOR COBRADO – PEDIDO DE DESISTÊNCIA DA AÇÃO ANTES DA CONTESTAÇÃO – APLICAÇÃO DO ART. 941 DO CÓDIGO CIVIL – INDENIZAÇÃO INDEVIDA. 1. Nos termos do art. 940 do Código Civil, "aquele que demandar por dívida já paga, no todo ou em parte, sem ressalvar as quantias recebidas ou pedir mais do que for devido, ficará obrigado a pagar ao devedor, no primeiro caso, o dobro do que houver cobrado e, no segundo, o equivalente do que dele exigir, salvo se houver prescrição." 2. Se houve pedido desistência da ação antes da citação, incide o disposto no art. 941 do Código Civil que estabelece: "as penas previstas nos arts. 939 e 940 não se aplicarão quando o autor desistir da ação antes de contestada a lide, salvo ao réu o direito de haver indenização por algum prejuízo que prove ter sofrido." 3. Apelação conhecida e provida. (BRASIL. 1ª Turma Recursal dos Juizados Especiais do Distrito Federal. *Acórdão 331988, 20070110900050ACJ*. Rel. Dra: Fátima Rafael. Julgado em: 21/10/2008. Disponível em: https://jurisdf.tjdft.jus.br/acordaos/331988/inteiro-teor/2dcfa6fe-97a6-455d-a642-99f78b5ce323. Acesso em: 10 abr. 2025).

[108] Art. 942. Os bens do responsável pela ofensa ou violação do direito de outrem ficam sujeitos à reparação do dano causado; e, se a ofensa tiver mais de um autor, todos responderão solidariamente pela reparação. Parágrafo único. São solidariamente responsáveis com os autores os co-autores e as pessoas designadas no art. 932.

de qualquer um dos responsáveis, sem a necessidade de comprovar a parcela de culpa de cada um no momento da ação.

O primeiro parágrafo amplia essa solidariedade para incluir coautores e pessoas designadas nos incisos V a VIII do artigo 932, que englobam, no Código Civil atual, empregadores, donos de estabelecimentos comerciais, mandatários e pais ou tutores responsáveis por menores. Com isso, o anteprojeto reforça a lógica da responsabilidade indireta, abrangendo aqueles que, mesmo não sendo autores diretos do dano, possuem um vínculo jurídico ou econômico que justifica sua responsabilização.

O segundo parágrafo assegura o direito de regresso ao responsável que realizar o pagamento da indenização. Ou seja, aquele que indenizar a vítima pode buscar ressarcimento dos demais responsáveis, proporcionalmente à sua participação no dano. Essa previsão evita que um dos causadores do dano suporte sozinho todo o ônus da indenização, garantindo uma divisão justa da responsabilidade.

Essa formulação fortalece o princípio da reparação integral ao mesmo tempo em que preserva o equilíbrio entre os coobrigados. No entanto, sua aplicação pode gerar debates na jurisprudência sobre a definição do grau de participação de cada agente no evento danoso, especialmente em situações em que não há uma delimitação clara das contribuições individuais.

O STJ reforçou o entendimento de que os pais são responsáveis pelos danos causados por seus filhos menores de idade, mesmo que não tenham tido culpa direta ou conhecimento do ato praticado.[109]

O caso envolveu um acidente causado por um menor ao conduzir um veículo. Os pais alegaram que não haviam autorizado nem sabiam que o filho dirigiria o carro, buscando assim afastar sua responsabilidade. No entanto, o Tribunal reafirmou que, nos termos dos arts. 932, 933 e especialmente do art. 942 do Código Civil, os pais respondem objetivamente pelos atos ilícitos praticados pelos filhos menores sob sua autoridade e companhia.

O art. 942, em seu parágrafo único, amplia ainda mais essa responsabilidade, ao prever que os pais são solidariamente responsáveis com os filhos pelos danos causados. Isso significa que a vítima pode cobrar de qualquer um dos responsáveis – inclusive apenas dos pais – o valor integral da indenização.

---

[109] BRASIL. Superior Tribunal de Justiça. *AREsp 2704333*. Rel. Min. Moura Ribeiro. Publicado em: 22/10/2024. Disponível em: https://processo.stj.jus.br/processo/dj/documento/mediado/?tipo_documento=documento&componente=MON&sequencial=276516647&num_registro=202402702368&data=20241022. Acesso em: 10 abr. 2025.

A jurisprudência destaca que essa solidariedade legal existe justamente para proteger o direito da vítima à reparação integral, sem exigir dela que comprove quem contribuiu diretamente para o dano.

Mesmo sem culpa direta, os pais respondem solidariamente pelos danos causados por filhos menores, com base no art. 942 do Código Civil. Essa responsabilidade decorre do exercício do poder familiar e visa a garantir que terceiros prejudicados não fiquem desamparados. Não saber do ato ou não autorizá-lo não basta para afastar essa obrigação legal.

3.1.23. Artigo 943

Pela leitura do art. 943 da proposta de atualização: "O direito de exigir indenização, por danos de qualquer natureza, e a obrigação de prestá-la transmitem-se com a herança, ainda que a ação não tenha sido proposta pela vítima". O número do dispositivo em questão segue o do atual Código Civil.[110]

Sobre o tema, já tivemos a oportunidade de desenvolvê-lo em outra oportunidade.[111]

O artigo mantém a regra de transmissibilidade da obrigação de indenizar e do direito de pleiteá-la, garantindo que tanto o direito à reparação quanto o dever de pagar a indenização passem aos herdeiros.

Essa previsão reforça o princípio da patrimonialidade da responsabilidade civil, garantindo que o falecimento da vítima ou do responsável pelo dano não extinga a obrigação indenizatória.

O Código Civil já prevê essa possibilidade, mas o anteprojeto esclarece que a transmissibilidade ocorre independentemente da propositura da ação pela vítima antes do seu falecimento. Essa inovação evita questionamentos sobre a possibilidade de os herdeiros ingressarem com a ação caso a vítima tenha falecido sem exercer seu direito.

A inclusão do termo "danos de qualquer natureza" amplia a proteção, deixando claro que a transmissibilidade abrange tanto danos materiais quanto morais. Essa previsão harmoniza-se com o entendimento consolidado na jurisprudência, que já reconhece a possibilidade de transmissão dos direitos relacionados à indenização por danos extrapatrimoniais.

---

110 Art. 943. O direito de exigir reparação e a obrigação de prestá-la transmitem-se com a herança.

111 ALMEIDA, Felipe Cunha de. (In) transmissibilidade dos danos imateriais e legitimidade ativa: doutrina e jurisprudência. *Revista Jurídica* (Porto Alegre. 1953), v. 454, p. 43-80, 2015.

No entanto, será essencial que a aplicação dessa norma seja compatível com os princípios sucessórios, especialmente quanto à limitação da responsabilidade dos herdeiros ao montante da herança recebida, conforme já previsto no ordenamento jurídico.

Assim elucida a questão o Superior Tribunal de Justiça:

> Da sucessão processual e transmissibilidade do dano moral. O apelante se opõe à sucessão processual pelos herdeiros da autora falecida, alegando ser o dano moral personalíssimo e intransmissível. Sem razão. Ainda que o direito moral seja personalíssimo, o direito à indenização ostenta caráter patrimonial, sendo, portanto, transmissível aos herdeiros/sucessores em caso de falecimento do lesado, motivo pelo qual há legitimidade dos sucessores em prosseguir com a ação.
>
> [...] O STJ possui firme o entendimento de que: a exegese sistemática dos artigos 12 e 943 do Código Civil permite concluir que o direito à indenização, isto é, o direito de se exigir a reparação do dano, inclusive de ordem moral, é assegurado aos sucessores do lesado, transmitindo-se com a herança. Vale dizer que o direito que se sucede é o de ação, de caráter patrimonial, e não o direito moral em si, personalíssimo por natureza e, portanto, intransmissível.
>
> Dessa forma, deve ser reconhecida legitimidade do espólio para pleitear o direito no qual se funda a presente ação.[112]

3.1.24. Artigo 944

A próxima análise a ser realizada diz respeito ao artigo 944 do anteprojeto de atualização do Código Civil, que apresenta a seguinte previsão:

> A indenização mede-se pela extensão do dano.
>
> § 1º Se houver excessiva desproporção entre a conduta praticada pelo agente e a extensão do dano dela decorrente, segundo os ditames da boa-fé e da razoabilidade, ou se a indenização prevista neste artigo privar do necessário o ofensor ou as pessoas que dele dependam, poderá o juiz reduzir equitativamente a indenização, tanto em caso de responsabilidade objetiva quanto subjetiva.
>
> § 2º Em alternativa à reparação de danos patrimoniais, a critério do lesado, a indenização compreenderá um montante razoável correspondente à violação de um direito ou, quando necessário, a remoção dos lucros ou vantagens auferidos pelo lesante em conexão com a prática do ilícito.

O *caput* mantém o princípio fundamental da reparação integral, já consagrado no ordenamento jurídico, segundo o qual a indenização deve equivaler ao dano sofrido pela vítima. Esse critério assegura que o prejudicado seja colocado na mesma situação em que estaria caso o ilícito não tivesse ocorrido.

---

[112] BRASIL. Superior Tribunal de Justiça. REsp 2013756. Rel. Min. Luis Felipe Salomão. Publicado em: 30/08/2022. Disponibilizado em: https://processo.stj.jus.br/processo/dj/documento/mediado/?tipo_documento=documento&componente=MON&sequencial=162609845&num_registro=202202178628&data=20220830. Acesso em: 10 abr. 2025.

O primeiro parágrafo introduz critérios de modulação da indenização em hipóteses específicas. Primeiramente, permite que o juiz reduza o valor da reparação quando houver excessiva desproporção entre a conduta do agente e o dano causado, com base na boa-fé e razoabilidade. Esse critério busca evitar indenizações excessivas que ultrapassem o sentido compensatório e se tornem penas privadas.

Além disso, a norma prevê que a indenização poderá ser reduzida caso sua fixação integral prive o ofensor ou seus dependentes do necessário à sua subsistência. Essa previsão se alinha a uma visão mais humanizada da responsabilidade civil, levando em conta não apenas o prejuízo da vítima, mas também a capacidade do agente de suportar a reparação. No entanto, essa regra pode gerar debates na jurisprudência, especialmente no que se refere à delimitação do que seria considerado o "necessário" à subsistência.

O segundo parágrafo inova ao estabelecer alternativas à reparação de danos patrimoniais. O dispositivo prevê que, a critério do lesado, a indenização poderá ser substituída por um montante razoável correspondente à violação de um direito. Essa previsão expande as possibilidades de compensação em situações em que a violação de direitos não resulta em um dano econômico direto, mas ainda assim exige reparação.

Outra inovação relevante é a possibilidade de remoção dos lucros ou vantagens auferidos pelo lesante em conexão com a prática do ilícito. Esse critério se aproxima da ideia de desapropriação do lucro ilícito, adotada em alguns ordenamentos estrangeiros e em áreas específicas do direito brasileiro, como o direito concorrencial. A aplicação desse mecanismo impede que o agente se beneficie economicamente da prática ilícita, reforçando o caráter dissuasório da indenização.

A introdução dessas alternativas pode ter impactos significativos na prática jurídica, pois amplia o poder de escolha da vítima e permite que a indenização seja determinada de forma mais justa em cada caso concreto. No entanto, a aplicação dessas novas modalidades exigirá critérios claros para evitar interpretações divergentes e eventuais distorções na fixação dos valores indenizatórios.

3.1.25. Artigo 944-A

A seguir, será analisado o artigo 944-A do anteprojeto de atualização do Código Civil, mantida a atual numeração,[113] e que apresenta a seguinte previsão:

113 Art. 944. A indenização mede-se pela extensão do dano. Parágrafo único. Se houver excessiva desproporção entre a gravidade da culpa e o dano, poderá o juiz reduzir, eqüitativamente, a indenização.

A indenização compreende também todas as consequências da violação da esfera moral da pessoa natural ou jurídica.

§ 1º Na quantificação do dano extrapatrimonial, o juiz observará os seguintes critérios, sem prejuízo de outros:

I – quanto à valoração do dano, a natureza do bem jurídico violado e os parâmetros de indenização adotados pelos Tribunais, se houver, em casos semelhantes;
II – quanto à extensão do dano, as peculiaridades do caso concreto, em confronto com outros julgamentos que possam justificar a majoração ou a redução do valor da indenização.

§ 2º No caso do inciso II do parágrafo anterior, podem ser observados os seguintes parâmetros:

I – nível de afetação em projetos de vida relativos ao trabalho, lazer, âmbito familiar ou social;

II – grau de reversibilidade do dano; e

III – grau de ofensa ao bem jurídico.

§ 3º Ao estabelecer a indenização por danos extrapatrimoniais em favor da vítima, o juiz poderá incluir uma sanção pecuniária de caráter pedagógico, em casos de especial gravidade, havendo dolo ou culpa grave do agente causador do dano ou em hipóteses de reiteração de condutas danosas.

§ 4º O acréscimo a que se refere o § 3º será proporcional à gravidade da falta e poderá ser agravado até o quádruplo dos danos fixados com base nos critérios do §§ 1º e 2º, considerando-se a condição econômica do ofensor e a reiteração da conduta ou atividade danosa, a ser demonstrada nos autos do processo.

§ 5º Na fixação do montante a que se refere o § 3º, o juiz levará em consideração eventual condenação anterior do ofensor pelo mesmo fato, ou imposição definitiva de multas administrativas pela mesma conduta.

§ 6º Respeitadas as exigências processuais e o devido processo legal, o juiz poderá reverter parte da sanção mencionada no § 3º em favor de fundos públicos destinados à proteção de interesses coletivos ou de estabelecimento idôneo de beneficência, no local em que o dano ocorreu.

Sobre a quantificação dos danos morais, assim nos ensina Eugênio Facchini Neto:

> Tema de atualidade persistente e de difícil solução diz respeito à quantificação dos danos morais, já que pela natureza inestimável de tais danos é impossível a identificação de valores objetivos: Quanto vale um olho perdido, o abalo da honra, a dor pela perda de um ente querido?[114]

Percebemos, acima, importantes indagações que o mestre em referência nos faz refletir.

Pois bem, o *caput* reforça que a indenização abrange todas as consequências da violação da esfera moral, tanto de pessoas naturais quanto jurídicas. A menção expressa à pessoa jurídica confirma o entendimento

[114] FACCHINI NETO, Eugênio. Origens e evolução do método bifásico na quantificação dos danos morais. In: *Migalhas de Responsabilidade Civil*. Disponível em: ttps://www.migalhas.com.br/coluna/migalhas-de-responsabilidade-civil/406350/origens-e-evolucao-do-metodo-bifasico-na-quantificacao-de-danos-morais. Acesso em: 27 abr. 2025.

já consolidado na jurisprudência de que empresas também podem sofrer danos morais, especialmente quando atingidas em sua reputação.

O primeiro parágrafo especifica critérios para a quantificação do dano extrapatrimonial, determinando que o juiz observe a natureza do bem jurídico violado e os parâmetros adotados pelos tribunais. Essa previsão busca evitar discrepâncias na fixação dos valores indenizatórios e garantir maior segurança jurídica. Parece-nos que o inciso II adotou expressamente o denominado *método bifásico* para a quantificação dos danos morais:

> No tocante ao montante adequado, a vida é inestimável e a morte, verdadeiramente, irreparável. De toda sorte, algum valor há de ser estabelecido e vigora no âmbito do Superior Tribunal de Justiça o método bifásico para apuração do *quantum debeatur*: primeiro, avaliam-se casos análogos a fim de se extrair um valor base/médio; aí então, adicionam-se as circunstâncias concretas que permitam seu aumento ou redução.[115]

Na sistemática atual, em relação à reparação do dano moral, Maria Celina Bodin de Moraes tece considerações à racionalidade da decisão que fixa o valor daquela espécie de danos, de sorte a se perceber com clareza os motivos que fundamentaram a decisão do juiz.[116]

O segundo parágrafo e seus incisos introduz um modelo mais detalhado para aferição da extensão do dano, indicando que o juiz pode considerar o impacto do ilícito em áreas essenciais da vida da vítima, como trabalho, lazer, família e vida social, além do grau de reversibilidade do dano e a gravidade da ofensa ao bem jurídico. Parece-nos que a previsão ora em análise aplica o denominado *dano existencial*, este que, segundo as lições de Flaviana Rampazzo, vem no sentido de que, para a caracterização daquela espécie de dano não patrimonial, deve ocorrer na vida da vítima um fato que venha a modificar relevantemente e prejudicá-la em seu cotidiano, em sua autorrealização, em seu desenvolvimento da personalidade.[117]

O terceiro parágrafo inova ao permitir que, em casos de especial gravidade, o juiz fixe um acréscimo à indenização com caráter pedagógico. Essa previsão, assim entendemos, aproxima o direito civil brasileiro do modelo norte-americano dos *punitive damages*, visando a desestimular condutas dolosas ou gravemente culposas.

---

[115] BRASIL. Superior Tribunal de Justiça. *AREsp 2746497*. Rel. Min. Sérgio Kukina. Publicado em: 05/03/2025. Disponível em: https://processo.stj.jus.br/processo/dj/documento/mediado/?tipo_documento=documento&componente=MON&sequencial=298775521&num_registro=202403485695&data=20250305. Acesso em: 27 abr. 2025.

[116] MORAES, Maria Celina Bodin de. *Danos à pessoa humana:* uma leitura civil-constitucional dos danos morais. 2. ed. Rio de Janeiro: Processo, 2017, p. 274.

[117] SOARES, Flaviana Rampazzo. Dano existencial no direito italiano e no direito brasileiro. In: *Novos danos na pós-modernidade*. BORGES, Gustavo; MAIA, Maurílio Casas (orgs). Belo Horizonte: D'Plácido, 2020, p. 168.

A análise acima referida encontra, por nossa conta e risco, amparo na doutrina de Nelson Rosenvald e Felipe Braga Netto, quando os mestres nos fazem refletir sobre a *função punitiva da responsabilidade civil,* o que leva à aplicação da responsabilidade civil em sede de sua função preventiva,[118] "[...] seja pela aplicação de sanções punitivas civis quanto por pretensões restitutórias [...]."[119]

No quarto parágrafo, estabelece-se um limite para o acréscimo, que pode ser quadruplicado em relação ao valor indenizatório fixado pelos critérios dos parágrafos anteriores. Além disso, prevê a consideração da capacidade econômica do ofensor e a reiteração da conduta, o que permite sanções mais severas para reincidentes.

O quinto parágrafo reforça esse objetivo ao prever que o juiz deve levar em conta condenações anteriores e multas administrativas já impostas ao ofensor, evitando que um mesmo agente continue praticando ilícitos sem sofrer consequências proporcionais.

Por fim, o sexto parágrafo traz uma inovação socialmente relevante, permitindo que parte da sanção pecuniária seja revertida para fundos públicos ou instituições de beneficência. Essa previsão amplia o alcance da indenização para além da vítima, contribuindo para a reparação de danos de interesse coletivo.

Essa nova regulamentação do dano extrapatrimonial introduz critérios mais claros para fixação da indenização, ao mesmo tempo em que fortalece o caráter dissuasório da responsabilidade civil. No entanto, sua aplicação exigirá atenção do Judiciário para evitar valores *excessivamente baixos*, que não cumpram o efeito reparatório, ou *excessivamente elevados*, que resultem em um caráter confiscatório indevido.

3.1.26. Artigo 944-B

A seguir, será analisado o artigo 944-B do anteprojeto de atualização do Código Civil, que apresenta a seguinte previsão:

> A indenização será concedida, se os danos forem certos, sejam eles diretos, indiretos, atuais ou futuros.
>
> § 1º A perda de uma chance, desde que séria e real, constitui dano reparável.
>
> § 2º A indenização relativa à perda de uma chance deve ser calculada levando-se em conta a fração dos interesses que essa chance proporcionaria, caso concretizada, de acordo com as probabilidades envolvidas.
>
> § 3º O dano patrimonial será provado de acordo com as regras processuais gerais.

[118] ROSENVALD, Nelson; NETTO, Felipe Braga. *Responsabilidade civil:* teoria geral. Indaiatuba: Foco, 2024, p. 101.
[119] Ibidem.

§ 4º Em casos excepcionais, de pouca expressão econômica, pode o juiz calcular o dano patrimonial por estimativa, especialmente quando a produção da prova exata do dano se revele demasiadamente difícil ou onerosa, desde que não haja dúvidas da efetiva ocorrência de danos emergentes ou de lucros cessantes, diante das máximas de experiência do julgador.

O artigo amplia a regulamentação dos critérios para concessão da indenização, incluindo danos diretos e indiretos, bem como danos futuros. A previsão reforça o princípio da reparação integral ao contemplar não apenas os prejuízos imediatamente verificados, mas também aqueles que, embora ainda não tenham ocorrido, são previsíveis e decorrentes do evento danoso.

O primeiro parágrafo introduz de forma expressa a teoria da perda de uma chance, reconhecendo que a privação de uma oportunidade real e séria pode constituir um dano indenizável.[120] Esse entendimento já está consolidado na jurisprudência brasileira, especialmente em casos de erro médico, concursos públicos e situações contratuais em que o comportamento ilícito do agente frustra a possibilidade de um resultado favorável à vítima.

O segundo parágrafo estabelece critérios para a quantificação da indenização pela perda de uma chance, determinando que o valor seja proporcional à probabilidade de concretização do interesse prejudicado. Essa orientação evita a confusão entre perda de uma chance e dano efetivo, garantindo que a indenização reflita o grau de incerteza envolvido na perda sofrida pela vítima.

O terceiro parágrafo reafirma que a prova do dano patrimonial seguirá as regras processuais gerais, ou seja, caberá ao lesado demonstrar a existência do prejuízo e seu nexo causal com a conduta ilícita do agente.

O quarto parágrafo, por sua vez, traz uma inovação relevante ao autorizar o cálculo estimado do dano patrimonial em casos excepcionais de pequena expressão econômica, quando a produção da prova exata for excessivamente difícil ou onerosa. Essa previsão tem como objetivo viabilizar a reparação em situações nas quais a exigência de uma prova rigorosa tornaria a indenização inviável. No entanto, para evitar arbitrariedade, o dispositivo condiciona essa possibilidade à certeza da existência do dano, que deve ser aferida com base nas máximas de experiência do julgador.

Estabelecendo um diálogo entre a reforma e o Código de Processo Civil no tocante às *máximas de experiência do julgador*, assim a redação

[120] ALMEIDA, Felipe Cunha de. Anteprojeto de reforma do Código Civil e a previsão da teoria da perda de uma chance. Disponível em: https://www.migalhas.com.br/coluna/migalhas-de-responsabilidade-civil/408288/reforma-do-cc-e-a-previsao-da-teoria-da-perda-de-uma-chance. Acesso em: 13 abr. 2025.

da lei processual de 2015: "Art. 375. O juiz aplicará as regras de experiência comum subministradas pela observação do que ordinariamente acontece e, ainda, as regras de experiência técnica, ressalvado, quanto a estas, o exame pericial".

Em relação às regras ou máximas de experiência: "[...] são, enfim, o conjunto de juízos fundados sobre a observação do que de ordinário acontece; podem ser formuladas em abstrato por todo aquele de nível mental médio".[121] Exemplo trazido pela doutrina à luz da leitura do art. 375 do CPC são os engarrafamentos em determinado local e horário de uma cidade, o que, portanto, dispensa a produção de prova técnica.

Entendemos que a inclusão dessas diretrizes no anteprojeto contribui para a uniformização dos critérios indenizatórios, conferindo maior previsibilidade às decisões judiciais e fortalecendo a segurança jurídica na matéria. Por outro lado, a aplicação prática de alguns dispositivos, especialmente os que tratam do cálculo da perda de uma chance e da estimativa de danos de pequena monta, exigirá cautela para evitar distorções e assegurar que a indenização reflita, de fato, o prejuízo sofrido pela vítima.

3.1.27. Artigo 945

Agora, a análise recai sobre o artigo 945 do anteprojeto de atualização do Código Civil, cuja redação dispõe o seguinte:

> Se a vítima tiver concorrido para o evento danoso, a sua indenização será fixada tendo-se em conta a sua participação para o resultado em comparação com a participação do autor e de eventuais coautores do dano.
>
> § 1º Nos casos deste artigo, todas as circunstâncias do caso concreto devem ser levadas em consideração, em particular a conduta de cada uma das partes, inclusive nas hipóteses de responsabilidade objetiva ou subjetiva.
>
> § 2º Quando a conduta da vítima se limitar à circunstância em que agiu para evitar ou minorar o próprio dano, serão levados em conta os critérios previstos neste artigo.

Esse dispositivo reafirma a teoria da *culpa concorrente*, estabelecendo que, se a vítima também tiver contribuído para a ocorrência do prejuízo, o montante da indenização deverá ser ajustado proporcionalmente ao seu grau de envolvimento no resultado.

A norma segue a lógica já adotada no Código Civil vigente, mas amplia sua abordagem ao ressaltar que a divisão da responsabilidade deve considerar a conduta do agente causador do dano, da vítima e de eventuais terceiros envolvidos. Esse critério assegura uma distribuição

[121] DIDIER JR.; Fredie; BRAGA, Paula Sarno; OLIVEIRA, Rafael Alexandria de. *Curso de direito processual civil.* 14. ed. v. 2. Salvador: Juspodivm, 2019, p. 80-81.

equitativa da obrigação reparatória, evitando que o ofensor suporte integralmente o ônus quando houver efetiva participação da vítima.

O primeiro parágrafo reforça que todas as circunstâncias do caso concreto devem ser analisadas, levando em conta o comportamento de cada uma das partes envolvidas, seja em situações de responsabilidade subjetiva ou objetiva. Esse aspecto demonstra a preocupação do legislador com a individualização da culpa, garantindo que a redução da indenização ocorra apenas quando houver comprovação de que a vítima efetivamente contribuiu para o evento lesivo.

Já o segundo parágrafo estabelece uma importante ressalva: se a vítima apenas tiver atuado para evitar ou minimizar os danos, essa conduta não deve ser interpretada como fator de concorrência para o evento danoso. Essa previsão, assim pensamos, evita distorções na aplicação da norma, impedindo que o comportamento legítimo de autoproteção seja confundido com culpa concorrente.

No geral, essa reformulação da regra sobre a participação da vítima no dano contribui para um maior equilíbrio na atribuição de responsabilidade, ao mesmo tempo em que reforça a necessidade de um exame minucioso das circunstâncias de cada caso.

A responsabilidade civil não se limita a analisar apenas a conduta do causador do dano. O comportamento da própria vítima também pode influenciar na aferição do dever de indenizar. É justamente nesse ponto que entra a figura da culpa concorrente, prevista no art. 945 do Código Civil de 2002, segundo o qual, se a vítima contribuiu para o evento danoso, a indenização poderá ser reduzida proporcionalmente.

O Superior Tribunal de Justiça tem aplicado essa lógica em casos nos quais a vítima assume conscientemente um risco, como ao entrar em um veículo dirigido por alguém notoriamente alcoolizado, dispensando inclusive o uso do cinto de segurança. Nessa situação, entende-se que a vítima contribuiu para o resultado danoso, pois agiu com imprudência ao ignorar regras básicas de segurança e expôs-se, voluntariamente, a uma situação de perigo.[122]

---

[122] CIVIL E PROCESSUAL CIVIL. RECURSOS ESPECIAIS. AÇÃO INDENIZATÓRIA. ACIDENTE DE TRÂNSITO QUE VITIMOU PASSAGEIRO DO VEÍCULO CONDUZIDO PELO CAUSADOR DO DANO. NEGATIVA DE PRESTAÇÃO JURISDICIONAL NÃO VERIFICADA. CULPA EXCLUSIVA OU PREPONDERANTE DA VÍTIMA NÃO CARACTERIZADAS. CONFIGURAÇÃO DE CULPA CONCORRENTE. VÍTIMA QUE INGRESSOU CONSCIENTEMENTE NO VEÍCULO DIRIGIDO POR PESSOA SABIDAMENTE ALCOLIZADA, DISPENSANDO O USO DO CINTO DE SEGURANÇA. PENSIONAMENTO VITALÍCIO, DEVIDO QUANDO VERIFICADA REDUÇÃO DA CAPACIDADE LABORATIVA, MESMO QUE A VÍTIMA, COM ESFORÇO ADICIONAL, CONSIGA EXERCER ATIVIDADE REMUNERADA. PRECEDENTES. TERMO INICIAL DO PENSIONAMENTO VITALÍCIO DISCUTIDO COM BASE EM DISPOSITIVO LEGAL NÃO PREQUESTIONADO. SÚMULA Nº 211 DO STJ. VALOR DA COMPENSÃO POR DANOS MORAIS QUE NÃO PODE SER CONSIDERADO IRRISÓRIO. RECURSO ESPECIAL DE FELIPE

3.1.28. Artigo 946

Passamos agora à análise do artigo 946 do anteprojeto de atualização do Código Civil, que apresenta o seguinte teor: "Se a obrigação de reparar o dano for indeterminada e não houver no contrato disposição fixando a indenização devida pelo agente, apurar-se-á o valor das perdas e danos na forma que a lei determinar". O dispositivo do anteprojeto repete o número do Código Civil. de 2002.[123]

Esse dispositivo trata da fixação da indenização quando não houver critério previamente estipulado, garantindo que o valor devido seja apurado conforme os parâmetros legais aplicáveis.

Na ausência de uma cláusula contratual que estabeleça o montante da reparação, será necessário recorrer às normas legais e princípios gerais da responsabilidade civil para definir o *quantum* indenizatório. Esse procedimento assegura que o prejudicado não fique desamparado diante da omissão de critérios de cálculo na relação jurídica estabelecida entre as partes.

A norma mantém coerência com a estrutura já prevista no Código Civil atual, reforçando a importância de um parâmetro normativo para evitar discussões sobre a extensão da indenização em contratos que não contenham disposições expressas sobre o tema.

Em Santa Catarina, observamos a aplicação, no caso concreto, da atual regra do art. 946. A decisão reconhece que danos futuros, ainda

---

NÃO PROVIDO. RECURSO ESPECIAL DE JEANETE E LARRISA PARCIALMENTE PROVIDO. 1. Não se reconhece violação do art. 1.022 do CPC quando há o exame, de forma fundamentada, de todas as questões submetidas à apreciação judicial na medida necessária para o deslinde da controvérsia, ainda que em sentido contrário a pretensão da parte. 2. Conquanto se possa afirmar que a vítima agiu de forma negligente e imprudente ao ingressar em veículo conduzido por motorista sabidamente alcoolizado e ao dispensar o uso do cinto de segurança, não parece razoável sustentar que ela tenha dado causa exclusiva ao resultado danoso. 3. Não apenas essa sua conduta negligente se mostra incapaz de produzir o acidente, como ainda as instâncias de origem afirmaram, de modo categórico, que direção perigosa do veículo imprimida pelo seu condutor foi circunstância determinante do sinistro. 4. De rigor reconhecer, portanto, a ocorrência de culpa concorrente da vítima. 5. É devida pensão mensal à vítima de acidente que tenha sofrido redução de sua capacidade laborativa, mesmo que ela, mediante esforço extraordinário, seja capaz de superar as limitações e sequelas sofridas e obter rendimento equivalente ao de um profissional plenamente válido. 6. O valor fixado a título de compensação por danos morais somente pode ser modificado em grau de recurso especial quando se revelar manifestamente abusivo ou irrisório, o que não ocorre na hipótese. 7. Recurso especial de FELIPE não provido. Recurso especial de JEANETE e LARISSA parcialmente provido para fixar a pensão mensal em percentual sobre o salário mínimo. (BRASIL. Superior Tribunal de Justiça. Terceira Turma. *REsp n. 2.171.033/SP*. Rel. Min. Moura Ribeiro. Julgado em: 18/03/2025. Disponível em: https://scon.stj.jus.br/SCON/GetInteiroTeorDoAcordao?num_registro=202400125267&dt_publicacao=11/04/2025. Acesso em: 13 abr. 2025).

[123] Art. 946. Se a obrigação for indeterminada, e não houver na lei ou no contrato disposição fixando a indenização devida pelo inadimplente, apurar-se-á o valor das perdas e danos na forma que a lei processual determinar.

que indenizáveis, não podem ser objeto de apuração imediata quando não estão quantificados, devendo sua verificação e liquidação ser postergadas para a fase de liquidação de sentença, conforme o art. 946 do Código Civil. Esse dispositivo permite a apuração futura de prejuízos não completamente mensuráveis no momento da decisão, aplicando-se especialmente a danos decorrentes de lesões pessoais, como os provocados por acidentes de trânsito.

Assim, o tribunal não conheceu dos documentos apresentados em grau recursal que buscavam comprovar esses danos futuros, reafirmando que sua análise deverá ocorrer posteriormente, na liquidação.[124]

---

[124] APELAÇÃO CÍVEL. RESPONSABILIDADE CIVIL E PROCESSUAL CIVIL. AÇÃO INDENIZATÓRIA. DANOS MORAIS, ESTÉTICOS E MATERIAIS. ACIDENTE DE TRÂNSITO. – PROCEDÊNCIA NA ORIGEM. (1) FASE RECURSAL. JUNTADA DE DOCUMENTOS. ANÁLISE NA LIQUIDAÇÃO. NÃO CONHECIMENTO. – Os danos passados, atuais e futuros decorrentes de lesão ou ofensa à saúde, devem ser, na extensão comprovada, plenamente indenizados, à luz da previsão legal expressa do art. 949 do Código Civil e da regra constitucional da justa indenização, sendo que os danos futuros ainda não quantificados, apesar de inegavelmente indenizáveis, devem ter sua quantificação relegada, nos termos do art. 946 do Código Civil, para a fase de liquidação de sentença, razão por que não se conhece de documentos autuados com esse propósito na fase recursal . (2) PENSÃO. SENTENÇA EXTRA PETITA. PRINCÍPIO DA CONGRUÊNCIA. VIOLAÇÃO. NULIDADE. DECOTE. – Ao extrapolar os pedidos formulados, torna-se a sentença extra petita, e, nessa extensão, nula, à medida em que viola ao princípio da congruência/adstrição, norteador dos artigos 128 e 460 do Código de Processo Civil. Nulidade. Decote no ponto. (3) CERCEAMENTO. PERÍCIA JUDICIAL. INCOMPLETUDE. LAUDO SUFICIENTE. INSATISFAÇÃO COM O RESULTADO. PREFACIAL AFASTADA. – Respondidos suficientemente os quesitos formulados, não há falar em perícia incompleta, senão em insatisfação com o seu resultado. Hígido, portanto, o laudo pericial, que, ademais, observou a forma legal. (4) COLISÃO. CAMINHÃO E MOTOCICLETA. PROVA BASTANTE. MANOBRA DE RISCO SEM AS CAUTELAS NECESSÁRIAS. CULPA EXCLUSIVA BEM RECONHECIDA. PRESSUPOSTOS DA RESPONSABILIDADE CIVIL VERIFICADOS. ACERTO. – Atua com culpa evidente e exclusiva aquele que, segundo a prova autuada (consistente em boletim de ocorrência, croqui e depoimentos, inclusive de testemunha arrolada pelos apelantes), faz brusca inflexão à esquerda e provoca colisão com quem regularmente trafegava nessa pista. (5) DANOS MATERIAIS. ORÇAMENTOS. CORREÇÃO. DATA DOS COMPROVANTES DE DESPESAS MÉDICAS. TRATAMENTO MÉDICO PROLONGADO. PERÍCIA JUDICIAL QUE O AMPARA. PRETENSÃO AFASTADA. – Se os orçamentos atinentes à motocicleta sinistrada não são alvo de contraprova bastante, nem mesmo é apontada eventual inidoneidade dos firmatários, e a data inserida nos comprovantes de despesas médicas, nada obstante distante do evento, justifica-se pelo longo tratamento empreendido em razão do sinistro, incogitável alteração do decidido. (6) DANOS ESTÉTICOS. FOTOS E LAUDO PERICIAL. PROVA BASTANTE. VALOR. PARÂMETROS DE PROPORCIONALIDADE E DE RAZOABILIDADE. MINORAÇÃO. – A quantificação da indenização arbitrada em razão de dano estético, à luz das nuanças do caso concreto e da extensão dos danos perpetrados, com escorço nas regras de experiência comum, num senso de proporcionalidade e razoabilidade, deve considerar o bem jurídico tutelado, com a dimensão da interferência do dano físico sofrido nas vidas pessoal e profissional da vítima, mas sem descurar das condições do ofensor, evitando tanto o excesso, por oportunizar o enriquecimento sem causa ao beneficiário, quanto a insignificância, que neutraliza o ressarcimento. – Não observadas essas balizas, urge adequação do quantum. (7) PERÍCIA. FATO DE TERCEIRO. CONLUIO ENTRE MÉDICOS. ALEGAÇÃO DESPROPOSITADA. REJEIÇÃO. – Beira o absurdo a isolada alegação, deduzida após o laudo, de que o médico perito estaria a encobrir erros médicos anteriores, por corporativismo, se a habilitação técnica exigida é justamente aquela que possui o expert. Adicione-se a absoluta ausência de lastro, por mínimo que seja, a dar sustentação a despropositada arguição. (8) DENUNCIAÇÃO. SEGURADORA. SOLIDARIEDADE RECONHECIDA EM SENTENÇA. REFORMATIO *IN PEJUS*. RECLAMO NÃO CONHECIDO. – O posicionamento firmado em sentença, no que pertine à solidariedade entre de-

3.1.29. Artigo 946-A

Há a inclusão de um novo artigo: o 946-A do anteprojeto de atualização do Código Civil, que traz a seguinte disposição:

> Em contratos paritários e simétricos, é lícita a estipulação de cláusula que previamente exclua ou limite o valor da indenização por danos patrimoniais, desde que não viole direitos indisponíveis, normas de ordem pública, a boa-fé ou exima de indenização danos causados por dolo.

Essa norma introduz uma flexibilização da responsabilidade civil nos contratos em que há igualdade entre as partes, permitindo que a indenização por danos patrimoniais seja limitada ou até mesmo excluída, desde que certos requisitos sejam observados.

A previsão se alinha à autonomia privada das partes, desde que respeitados direitos indisponíveis, regras de ordem pública e o princípio da boa-fé. Além disso, a norma veda expressamente a exclusão da responsabilidade em casos de dolo, impedindo que cláusulas contratuais sejam utilizadas para isentar intencionalmente um agente causador de prejuízos. Sobre o tema, já tivemos a oportunidade de estudá-lo em momento anterior.[125]

Esse dispositivo apresenta um critério essencial para sua aplicação: ele se restringe a contratos paritários e simétricos, ou seja, aqueles em que ambas as partes se encontram em posição de igualdade negocial. Isso significa que a regra não se aplicaria, por exemplo, a contratos de consumo ou a relações jurídicas em que há uma disparidade de poder entre os contratantes.

A previsão reforça a tendência do direito contratual contemporâneo de permitir ajustes de risco entre partes equilibradas, sem comprometer direitos essenciais e sem permitir abusos. No entanto, sua aplicação demandará cautela na verificação da simetria contratual, a fim de evitar que cláusulas limitativas de responsabilidade sejam inseridas em contextos em que uma das partes não tem real liberdade para negociar seus termos.

---

nunciante e denunciada, é favorável tanto aos interesses das apelantes quanto aos do apelado, de modo que alterar o teor da sentença importaria em reformatio in pejus, a qual, consoante se sabe, é vedada no ordenamento processual civil, visto que revela ausência de interesse recursal, motivo pelo qual não se conhece do reclamo nesse aspecto. SENTENÇA ALTERADA. RECURSO PARCIALMENTE PROVIDO. (BRASIL. Tribunal de Justiça de Santa Catarina. Quinta Câmara de Direito Civil. *Apelação Cível n. 2014.055195-7*. Rel. Des: Henry Petry Junior. Julgado em: 10/09/2015. Disponível em: https://busca.tjsc.jus.br/jurisprudencia/html.do?q=%22art.%20946%20do%20C%F3digo%20Civil%22&only_ementa=&frase=&id=AAAbmQAACAANqgzAAO&categoria=acordao. Acesso em: 14 abr. 2025).

[125] ALMEIDA, Felipe Cunha de. Cláusula de não indenizar, cláusula e causa de irresponsabilidade: necessárias considerações e diferenciações. *REVISTA JURIDICA* (PORTO ALEGRE. 1953), v. 517, p. 09-34, 2020.

Sobre o tema, o STJ de provimento a REsp no seguinte sentido:

> 1. O aresto embargado julgou que "o assédio sexual ou ato libidinoso praticado por um passageiro contra outro dentro de vagão de composição férrea constitui fortuito interno passível de indenização".
>
> 2. Os acórdãos paradigmas adotaram a tese de que o fato doloso e exclusivo de terceiro, quando não guardar conexão com a atividade de transporte, caracteriza fortuito externo e afasta a responsabilidade do transportador.
>
> 3. No mesmo sentido dos acórdãos paradigmas, a jurisprudência da Segunda Seção está definida no sentido de que, "nos *contratos* onerosos de transporte de pessoas, desempenhados no âmbito de uma relação de consumo, o fornecedor de serviços não será responsabilizado por assédio sexual ou ato libidinoso praticado por usuário do serviço de transporte contra passageira, por caracterizar fortuito externo, afastando o nexo de causalidade" (REsp 1.833.722/SP, Rel. Ministro RAUL ARAÚJO, j. em 3/12/2020, DJe de 15/03/2021).[126]

3.1.30. Artigo 946-B

Agora, a análise se volta para o artigo 946-B do anteprojeto de atualização do Código Civil, cuja redação estabelece o seguinte:

> Os benefícios advindos para a vítima como resultado do evento lesivo não devem ser levados em consideração na fixação da indenização.
>
> Parágrafo único. A regra do caput não se aplica aos casos em que os benefícios tenham a mesma natureza do dano causado à vítima, decorram do mesmo evento lesivo, seja justo e razoável levá-los em consideração para a fixação da indenização, conforme a natureza do dano sofrido e, quando conferidos por um terceiro, conforme a finalidade subjacente à concessão desses benefícios.

Esse dispositivo trata da independência entre a indenização e os benefícios eventualmente recebidos pela vítima em decorrência do evento danoso, consolidando a ideia de que a reparação deve ocorrer sem subtração de vantagens paralelas adquiridas pelo lesado.

A regra geral estabelecida no *caput* veda a consideração de quaisquer benefícios percebidos pela vítima ao se fixar o valor da indenização. Esse entendimento evita que o causador do dano se beneficie indiretamente de circunstâncias externas que possam ter atenuado as consequências do ilícito. Por exemplo, se a vítima recebe auxílio financeiro de terceiros ou de um seguro contratado por conta própria, isso não pode reduzir a responsabilidade do ofensor pela reparação devida.

O parágrafo único, contudo, flexibiliza essa regra ao prever exceções em determinadas situações. Ele admite que, caso os benefícios

[126] BRASIL. Superior Tribunal de Justiça. *REsp 2095398*. Rel. Min. Moura Ribeiro. Publicado em: 22/09/2023. https://processo.stj.jus.br/processo/dj/documento/mediado/?tipo_documento=documento&componente=MON&sequencial=209232128&num_registro=202301130103&data=20230922. Acesso em: 14 abr. 2025.

recebidos tenham a mesma natureza do dano, sejam originados do próprio evento danoso e sua consideração seja justa e razoável, eles poderão ser levados em conta na fixação do montante indenizatório.

Enquanto a regra do *caput* reforça o princípio de que o responsável pelo dano não pode se beneficiar dos auxílios que a vítima recebe, o parágrafo único abre margem para hipóteses em que considerar tais benefícios seja mais equilibrado e razoável, evitando enriquecimento indevido da vítima.

Outro ponto relevante do dispositivo diz respeito a benefícios concedidos por terceiros. Nesses casos, a previsão estabelece que a consideração desses auxílios deve observar a finalidade para a qual foram concedidos. Isso significa que, se um benefício tem caráter assistencial e não reparatório, ele não deve ser abatido da indenização devida pelo ofensor.

Essa inovação legislativa proporciona maior segurança jurídica na fixação do *quantum* indenizatório, ao mesmo tempo em que impede que o dever de reparação seja atenuado por circunstâncias alheias à conduta do responsável pelo dano. Contudo, sua aplicação prática exigirá cautela do Judiciário, especialmente na interpretação dos critérios de justiça e razoabilidade previstos no parágrafo único, para evitar que essa exceção esvazie a regra geral da irrelevância dos benefícios paralelos.

3.1.31. Artigo 947

A seguir, a análise se volta para o artigo 947 do anteprojeto de atualização do Código Civil, que dispõe o seguinte:

> A reparação dos danos deve ser integral com a finalidade de restituir o lesado ao estado anterior ao fato danoso.
>
> § 1º A indenização será fixada em dinheiro, sempre que a reconstituição natural não seja possível, não repare integralmente os danos ou seja excessivamente onerosa para o devedor.
>
> § 2º Nos casos de dano extrapatrimonial, admite-se, a critério da vítima, a reparação in natura, na forma de retratação pública, por meio do exercício do direito de resposta, da publicação de sentença ou de outra providência específica que atendam aos interesses do lesado.
>
> § 3º Nas hipóteses do parágrafo anterior, a reparação in natura pode ser efetivada por meio analógico ou digital, alternativa ou cumulativamente com a reparação pecuniária.

Este dispositivo reafirma o princípio da reparação integral, estabelecendo que o objetivo da indenização é restabelecer a vítima ao estado em que se encontrava antes do dano. Esse conceito está alinhado com a doutrina e a jurisprudência consolidadas, que já reconhecem a obrigação do responsável de compensar todos os prejuízos sofridos pelo lesado. Embora mantida a numeração 947, percebemos diferença entre a reforma e o texto atual.[127]

O primeiro parágrafo trata da modalidade da indenização, determinando que a reparação será feita em dinheiro sempre que a restituição natural não for viável, não for suficiente para restaurar plenamente o estado anterior ou representar um custo excessivo para o devedor. Essa disposição segue a lógica do direito contemporâneo, que prioriza a restauração da situação anterior, mas reconhece a indenização pecuniária como a solução mais prática em muitos casos, o que não se aplica quando se tratar de danos morais, pelo seguinte fundamento: "Ressalte-se que a compensação por danos morais, ao contrário do que ocorre com a indenização por danos patrimoniais, não se funda na *restitutio in integrum*, visto ser impossível a reposição ao *status quo* anterior à lesão".[128]

O segundo parágrafo introduz uma inovação importante ao prever que, nos casos de danos extrapatrimoniais, a vítima poderá optar pela reparação *in natura*. Essa possibilidade se materializa em formas como retratação pública, direito de resposta e publicação de sentença. Esse mecanismo é especialmente relevante em casos que envolvem ofensas à honra, dano à imagem ou violações a direitos da personalidade.

O terceiro parágrafo complementa a previsão acima comentada ao permitir que a reparação *in natura* seja realizada por meios analógicos ou digitais, podendo ser aplicada de maneira alternativa ou cumulativa com a indenização pecuniária. Essa diretriz atende às demandas da sociedade digital, em que danos extrapatrimoniais, como difamação e exposição indevida, frequentemente ocorrem no ambiente virtual. Assim, a norma permite que a retratação ou a publicação da decisão judicial seja feita nas mesmas plataformas onde o dano ocorreu, assegurando maior efetividade à reparação.

O texto traz um avanço importante ao ampliar as formas de reparação extrapatrimonial, respeitando a vontade da vítima e proporcionando maior efetividade à tutela dos direitos da personalidade. No entanto, a aplicação da restituição *in natura* dependerá da avaliação judicial sobre sua viabilidade e adequação ao caso concreto, especialmente em relação ao impacto da retratação e à proporcionalidade da medida adotada.

---

[127] Art. 947. Se o devedor não puder cumprir a prestação na espécie ajustada, substituir-se-á pelo seu valor, em moeda corrente.

[128] BRASIL. Superior Tribunal de Justiça. *AREsp 2849251*. Rel. Min. Herman Benjamin. Publicado em: 02/04/2025. Disponível em: https://processo.stj.jus.br/processo/dj/documento/mediado/?tipo_documento=documento&componente=MON&sequencial=304667067&num_registro=202500326398&data=20250402. Acesso em: 15 abr. 2025.

Vitor Pavan trata as hipóteses ora em estudo como "[...] remédios restitutórios são incorporados como alternativa à reparação de danos patrimoniais [...]".[129]

3.1.32. Artigo 948

Agora, passamos estudo do artigo 948 do anteprojeto de atualização do Código Civil (atual 948),[130] cujo teor estabelece os parâmetros para a indenização em casos de morte:

> Art. 948. No caso de morte, a indenização abrange, sem a exclusão de outras reparações:
>
> I – o ressarcimento de despesas relativas aos cuidados com a vítima no período entre a lesão e o seu enterro, despesas com o seu funeral, além da indenização dos lucros cessantes e pelos danos extrapatrimoniais sofridos pelo falecido antes da sua morte;
>
> II – a repercussão patrimonial do dano, na esfera das pessoas a quem o morto devia alimentos, levando-se em conta a duração provável da vida da vítima e a manutenção da situação de dependência econômica;
>
> III – os danos extrapatrimoniais indiretos ou reflexos sofridos pelos familiares, com precedência do direito à indenização ao cônjuge ou convivente e aos filhos do falecido, sem excluir aqueles que mantinham comprovado vínculo afetivo com a vítima, o que deve ser apurado pelo julgador no caso concreto.
>
> § 1º Para atendimento ao disposto no inciso II deste artigo, a prestação dos alimentos corresponderá a dois terços dos rendimentos da vítima, divididos per capita entre o cônjuge ou convivente sobrevivente e os filhos com menos de dezoito anos de idade do falecido, nesta hipótese até a data em que estes completarem vinte e cinco anos; depois, somente ao cônjuge ou convivente.
>
> § 2º No caso de morte de filho, criança ou adolescente, que não tinha rendimentos fixos, em família de baixa renda, a indenização será fixada em dois terços de um salário-mínimo para o período de catorze aos vinte e cinco anos do falecido, quando, então, será reduzida para um terço do salário-mínimo, salvo comprovação de rendimentos maiores, a serem divididos entre os pais ou entre outros parentes do falecido com quem ele vivia, se for o caso.
>
> § 3º Em todas as hipóteses previstas neste artigo, a duração do pensionamento levará em conta a tabela de expectativa de vida fixada pelo Instituto Brasileiro de Geografia e Estatística (IBGE), existente ao tempo do dano.

O inciso I abrange as despesas com tratamento médico entre o momento da lesão e o falecimento, os custos com funeral, além dos

---

[129] PAVAN, Vitor. A função restitutória da responsabilidade civil no projeto de reforma do Código Civil. In: *Migalhas de Responsabilidade Civil.* Disponível em: https://www.migalhas.com.br/coluna/migalhas-de-responsabilidade-civil/404030/funcao-da-responsabilidade-civil-no-projeto-de-reforma-do-codigo-civil. Acesso em: 17 abr. 2025.

[130] Art. 948. No caso de homicídio, a indenização consiste, sem excluir outras reparações: I – no pagamento das despesas com o tratamento da vítima, seu funeral e o luto da família; II – na prestação de alimentos às pessoas a quem o morto os devia, levando-se em conta a duração provável da vida da vítima.

lucros cessantes e da compensação pelos danos extrapatrimoniais sofridos pela vítima antes do óbito. Essa disposição assegura que todas as perdas suportadas pela vítima, mesmo que precedam a morte, sejam indenizadas, garantindo a reparação integral do dano.

O inciso II trata da repercussão econômica da morte para os dependentes, garantindo o direito à indenização para aqueles que recebiam alimentos do falecido, conforme a duração provável de sua vida e a manutenção da dependência financeira dos beneficiários. O dispositivo assegura a continuidade do suporte econômico, prevenindo o desamparo dos dependentes.

O inciso III inova ao reconhecer os danos extrapatrimoniais indiretos ou reflexos suportados pelos familiares da vítima. A norma estabelece uma ordem de precedência, conferindo prioridade ao cônjuge ou convivente e aos filhos do falecido, sem excluir outros familiares que mantinham um vínculo afetivo comprovado com a vítima. Essa ampliação segue a tendência da jurisprudência contemporânea, que já reconhece a possibilidade de reparação nesta modalidade de danos.[131]

O parágrafo primeiro regulamenta o pagamento da pensão aos dependentes da vítima, estipulando que a prestação alimentícia será

[131] CIVIL. RESPONSABILIDADE CIVIL. AGRAVO INTERNO NO RECURSO ESPECIAL. AÇÃO DE INDENIZAÇÃO. QUEDA DE PARTE DE MURO DE ESTABELECIMENTO ESCOLAR SOBRE UM PÉ DO ALUNO MENOR DE IDADE. AMPUTAÇÃO PARCIAL DO PÉ ESQUERDO. DANOS MORAL E ESTÉTICO CONFIGURADOS. DANOS POR RICOCHETE EM FAVOR DOS GENITORES. VALORES INDENIZATÓRIOS PROPORCIONAIS. PENSÃO POR INCAPACIDADE LABORATIVA PARCIAL PERMANENTE. HONORÁRIOS ADVOCATÍCIOS. REDUÇÃO. AGRAVO INTERNO PARCIALMENTE PROVIDO. PARCIAL PROVIMENTO AO RECURSO ESPECIAL. 1. "O dano moral reflexo pode se caracterizar ainda que a vítima direta do evento danoso sobreviva. É que o dano moral em ricochete não significa o pagamento da indenização aos indiretamente lesados por não ser mais possível, devido ao falecimento, indenizar a vítima direta. É indenização autônoma, por isso devida independentemente do falecimento da vítima direta" (REsp 1.734.536/RS, Relator Ministro LUIS FELIPE SALOMÃO, Quarta Turma, julgado em 6/8/2019, DJe de 24/9/2019). 2. Nos termos da Súmula 387/STJ: "É lícita a cumulação das indenizações de dano estético e dano moral". Na hipótese, o dano moral decorre do trauma psicológico pelo grave acidente em si, enquanto o dano estético advém da deformidade física permanente devida à amputação de quatro dedos do pé esquerdo. 3. O valor arbitrado pelas instâncias ordinárias a título de dano moral e dano estético somente pode ser revisado em sede de recurso especial quando irrisório ou exorbitante. 4. No caso, os danos morais fixados em R$200.000,00 (duzentos mil reais), em favor do menor vitimado, e R$100.000,00 (cem mil reais), em favor de cada um dos genitores, bem como os danos estéticos arbitrados em R$100.000,00 (cem mil reais) para a vítima, não se mostram desproporcionais, considerando-se a gravidade e as consequências do acidente, oriundo de queda de muro em estabelecimento escolar que deveria dispensar proteção efetiva e zelar pela integridade física das crianças e adolescentes sob sua guarda. 5. A reforma do julgado, para afastar o caráter permanente da incapacidade laborativa, demandaria o revolvimento de suporte fático-probatório dos autos, o que é inviável em sede de recurso especial, nos termos da Súmula 7 do STJ. 6. É possível a redução do valor dos honorários advocatícios sucumbenciais, mesmo fixados dentro dos percentuais previstos em lei, levando-se em conta o elevado valor atualizado da condenação. 7. Agravo interno parcialmente provido para dar parcial provimento ao recurso especial, com redução dos honorários advocatícios sucumbenciais para 10% (dez por cento) sobre o valor da condenação. (BRASIL. Superior Tribunal de Justiça. Quarta Turma. *AgInt no REsp n. 1.697.723/RJ*. Rel. Ministro Raul Araújo. Julgado em: 01/10/2024. Disponível em: https://scon.stj.jus.br/SCON/GetInteiroTeorDoAcordao?num_registro=201702323023_publicacao=09/12/2024. Acesso em: 15 abr. 2025).

equivalente a dois terços dos rendimentos do falecido. O valor será dividido entre cônjuge ou convivente e filhos menores de dezoito anos, sendo mantido para estes até os vinte e cinco anos, idade presumida para a conclusão dos estudos e inserção no mercado de trabalho. Após essa idade, o pensionamento se destinará exclusivamente ao cônjuge ou convivente sobrevivente.

O parágrafo segundo trata da morte de filhos, crianças ou adolescentes sem renda fixa, pertencentes a famílias de baixa renda. Para esses casos, a norma fixa um critério objetivo de indenização, presumindo que os dependentes sofreriam um impacto econômico correspondente a dois terços de um salário-mínimo entre os quatorze e os vinte e cinco anos, reduzindo-se para um terço do salário-mínimo após essa idade, salvo prova de rendimentos maiores. A distribuição do valor será feita entre os pais ou outros parentes que conviviam com a vítima.

Por fim, o parágrafo terceiro estabelece um critério objetivo para a duração do pensionamento, determinando que o cálculo seja feito com base na tabela de expectativa de vida do IBGE vigente à época do dano. Essa diretriz confere maior previsibilidade ao valor da indenização, evitando decisões arbitrárias e garantindo um parâmetro técnico para a fixação da pensão. A utilização de dados do IBGE é objeto de fundamentação no âmbito do STJ.[132]

3.1.33. Artigo 949

Agora, a reflexão se volta para o artigo 949 do anteprojeto de atualização do Código Civil (atual artigo 949),[133] que estabelece a seguinte previsão:

---

[132] ADMINISTRATIVO. PROCESSUAL CIVIL. AGRAVO INTERNO NO RECURSO ESPECIAL. RESPONSABILIDADE CIVIL DO ESTADO. MORTE DE DETENTO. PERMISSIVO CONSTITUCIONAL. FALTA DE INDICAÇÃO. SÚMULA 284/STF. AFASTAMENTO. PENSÃO MENSAL. CABIMENTO. INDENIZAÇÃO. MAJORAÇÃO. RECURSO ESPECIAL PROVIDO. AGRAVO INTERNO PROVIDO. 1. Conforme entendimento da Corte Especial, o recurso especial comporta conhecimento quando, apesar de não indicado o permissivo constitucional em que se apoia a insurgência, for possível inferir o pressuposto de cabimento pelas razões recursais. É o caso dos autos. 2. Nos termos da jurisprudência, é devida a pensão mensal aos familiares de detento morto, ante a presunção de dependência econômica em famílias de baixa renda. O valor referencial, quando ausente a prova de rendimento, é de 2/3 (dois terços) do salário mínimo, devidos ao conjunto de dependentes, desde a data da morte até a data em que a vítima completaria a expectativa de vida estabelecida pelo Instituto Brasileiro de Geografia e Estatística – IBGE no momento do evento danoso. 3. Os parâmetros jurisprudenciais indicam para a razoabilidade da indenização entre R$ 50.000,00 (cinquenta mil reais) e R$ 100.000,00 (cem mil reais) em casos similares. O valor fixado pela origem (vinte mil reais) deve ser majorado para o patamar inferior das balizas apontadas. 4. Agravo interno provido. (BRASIL. Superior Tribunal de Justiça. Segunda Turma. *AgInt no REsp n. 2.026.062/RS*. Rel. Min. Afrânio Vilela. Julgado em: 24/6/2024. Disponível em: https://scon.stj.jus.br/SCON/GetInteiroTeorDoAcordao?num_registro=202202874529&dt_publicacao=26/06/2024. Acesso em: 15 abr. 2025).

[133] Art. 949. No caso de lesão ou outra ofensa à saúde, o ofensor indenizará o ofendido das despesas do tratamento e dos lucros cessantes até ao fim da convalescença, além de algum outro prejuízo que o ofendido prove haver sofrido.

No caso de lesão ou outra ofensa à integridade física, psíquica ou psicológica do ofendido, o ofensor indenizará o ofendido das despesas de consultas e tratamentos prescritos e dos lucros cessantes até ao fim da convalescença, além de outros danos reparáveis.

Esse artigo regula a responsabilidade indenizatória em casos de lesão corporal ou danos à integridade psíquica ou psicológica, assegurando que o ofensor responda pelas despesas médicas e pelos lucros cessantes até a plena recuperação da vítima.

O dispositivo amplia a proteção conferida pelo Código Civil vigente, ao incluir expressamente a ofensa psíquica e psicológica, reconhecendo que danos à saúde mental podem gerar impactos tão graves quanto os físicos. Esse reconhecimento acompanha a evolução da ciência médica e da jurisprudência, que cada vez mais admite a compensação por transtornos psicológicos decorrentes de atos ilícitos, como assédio moral, violência doméstica e traumas oriundos de acidentes.

Além das despesas médicas e da perda temporária de rendimentos, a norma menciona a indenização por "outros danos reparáveis", deixando margem para compensações complementares, como o dano moral, o dano estético e até mesmo custos de readaptação profissional, quando necessários, tratamento psicológico, como neste caso analisado pelo Superior Tribunal de Justiça.[134]

---

[134] PROCESSUAL CIVIL. RESPONSABILIDADE CIVIL. DANO MORAL. ATENTADO VIOLENTO AO PUDOR PRATICADO POR INSPETOR DE ALUNOS. FUNCIONÁRIO PÚBLICO ESTADUAL. VALOR DA INDENIZAÇÃO. DISSÍDIO PRETORIANO. AUSÊNCIA DE COMPROVAÇÃO. JULGAMENTO EXTRA PETITA. INEXISTÊNCIA. HONORÁRIOS ADVOCATÍCIOS. FAZENDA PÚBLICA VENCIDA. SÚMULA 7/STJ. 1. A ação de indenização foi ajuizada em decorrência da prática de atentado violento ao pudor contra menor impúbere, por funcionário público estadual. 2. A controvérsia reside em saber se o acórdão recorrido decidiu a questão além do requerido na inicial, por ter incluído o valor referente a danos psicológicos, se a majoração da verba honorária foi imotivada e se o quantum fixado a título de indenização é exorbitante. 3. Valor da indenização. A divergência jurisprudencial no tocante ao valor da indenização não se encontra demonstrada, pois a recorrente sequer transcreveu a ementa dos julgados paradimáticos. No ponto, limitou-se a alegar que "a indenização, fixada em R$ 700.00,00 (setecentos mil reais) é extremamente elevada para o caso. Além disso, em casos mais graves, envolvendo morte, este E. Superior Tribunal de Justiça fixou a indenização em cem salários mínimos (Acórdão Paradigma em anexo). Assim, deve-se acolher o presente RE, reduzindo-se a indenização (e-STJ fl. 371). 4. Julgamento extra petita. O recurso deve ser conhecido em face do prequestionamento, ainda que implícito, dos artigos 128 e 460 do Código de Processo Civil. 5. A sentença julgou procedente em parte o pedido, condenando a ré a pagar importância equivalente a 1000 salários mínimos a título de dano moral, "acrescidos de juros de mora desde a citação, bem como a pagar à autora as despesas com terapia psicológica por período mínimo de um ano, adiantando as despesas com tal tratamento, na base de cem reais para cada sessão semanal, cabendo à autora juntar os recibos 'a posteriori', para comprovação do tratamento" (e-STJ fl. 284). 6. O Tribunal paulista, ao analisar o recurso voluntário das partes e a remessa oficial, deu provimento apenas ao recurso da ora recorrida para acolher integralmente o pedido indenizatório e fixar a indenização em R$ 700.000,00 (setecentos mil reais) e majorar os honorários para 20% sobre o valor da condenação (e-STJ fls. 350-351). 7. Contra o aresto foram opostos embargos de declaração pela Fazenda Estadual, alegando-se que o "V. Acórdão foi omisso ao não apreciar a alegação de que a r. sentença foi extra petita, violando os arts. 128 e 460, do Código de Processo Civil, uma vez que concedeu à autora, indenização pelos danos psicológicos não indicados na inicial" (e-STJ fl. 363). 8. O voto

Esse dispositivo fortalece a proteção da vítima, garantindo que ela não suporte sozinha os ônus financeiros decorrentes da agressão sofrida. No entanto, sua aplicação dependerá de prova documental para aferição do nexo causal entre o evento lesivo e as despesas médicas reclamadas.

3.1.34. Artigo 950

Em sequência, analisamos o artigo 950 do anteprojeto de atualização do Código Civil, cujo texto prevê que (atual redação)[135]:

> Se da ofensa física ou psicológica resultar defeito pelo qual o ofendido não possa exercer o seu ofício ou profissão ou se lhe diminua a capacidade de trabalho, a indenização, além das despesas do tratamento e lucros cessantes até ao fim da convalescença, incluirá pensão correspondente à importância do trabalho para que se inabilitou ou da depreciação que ele sofreu, além de outros danos reparáveis.
>
> Parágrafo único. O lesado pode exigir que a indenização sob a forma de pensionamento seja arbitrada e paga de uma só vez, salvo impossibilidade econômica do devedor, caso em que o juiz poderá fixar outra forma de pagamento, atendendo à condição financeira do ofensor e aos benefícios resultantes do pagamento antecipado.

O dispositivo acima trata da indenização em casos de incapacidade para o trabalho, determinando que a compensação inclua uma pensão vitalícia ou proporcional à perda da capacidade laboral.

A norma mantém a estrutura já adotada no Código Civil atual, mas aprimora sua redação ao mencionar expressamente a possibilidade de dano psicológico permanente como causa para a concessão da

---

condutor dos embargos de declaração consignou que "a inicial acionária, ainda que sucintamente aponta, o dano psicológico sofrido", bem como que "o V. acórdão embargado ao majorar a indenização pelo dano moral sofrido, expressamente, indicou que no valor arbitrado está incluída a verba para tratamento psicológico, não fixando valores em separado para o referido tratamento" (e-STJ fl. 364). Assim, não há que se falar em julgamento extra petita. 9. Honorários Advocatícios. A alegação de que o aresto recorrido teria aumentado imotivadamente o valor referente à verba honorária não tem o condão de modificar o fundamento do aresto impugnado, atraindo a incidência da Súmula 284/STF. Além disso, a análise dessa assertiva esbarraria no impedimento da Súmula 7/STJ, pois seria imperioso o reexame do conjunto fático-probatório para fins de apreciação equitativa, nos termos do § 3º do art. 20 do CPC, verificação do grau de zelo do patrono, da natureza e importância da causa, do trabalho realizado pelo profissional e o tempo exigido para o seu serviço. 10. Recurso especial conhecido em parte e não provido. (BRASIL. Superior Tribunal de Justiça. Segunda Turma. *REsp n. 1.141.429/SP*. Rel. Min. Castro Meira. Julgado em 22/09/2009. Disponível em: https://scon.stj.jus.br/SCON/GetInteiroTeorDoAcordao?num_registro=200900971114&dt_publicacao=05/10/2009. Acesso em 15 abr. 2009).

[135] Art. 950. Se da ofensa resultar defeito pelo qual o ofendido não possa exercer o seu ofício ou profissão, ou se lhe diminua a capacidade de trabalho, a indenização, além das despesas do tratamento e lucros cessantes até ao fim da convalescença, incluirá pensão correspondente à importância do trabalho para que se inabilitou, ou da depreciação que ele sofreu. Parágrafo único. O prejudicado, se preferir, poderá exigir que a indenização seja arbitrada e paga de uma só vez.

pensão. Isso reflete um avanço na legislação, reconhecendo que transtornos psiquiátricos e emocionais podem comprometer a capacidade produtiva de um indivíduo tanto quanto uma deficiência física.

A indenização engloba não apenas as despesas médicas e os lucros cessantes, mas também uma pensão que pode variar conforme: a) a inabilitação total para o ofício ou profissão, caso o lesado não possa mais desempenhar suas atividades habituais; b) a redução da capacidade laborativa, quando há uma diminuição no rendimento ou na produtividade do trabalhador.

O parágrafo único concede ao lesado o direito de exigir o pagamento da pensão em parcela única, o que pode ser vantajoso em termos de planejamento financeiro e reinserção profissional. No entanto, essa possibilidade fica condicionada à capacidade econômica do ofensor, cabendo ao juiz modular a forma de pagamento de acordo com a situação financeira do devedor.

Essa regra tem grande relevância prática, pois evita que o pagamento parcelado da pensão seja inviável para o credor, especialmente em casos em que o responsável pelo dano não possui condições de arcar com prestações mensais elevadas. Por outro lado, a antecipação do valor pode ser benéfica para o ofendido, possibilitando investimentos em reabilitação ou reconversão profissional.

A abordagem confere maior flexibilidade na reparação do dano, permitindo que o juiz adapte a forma de pagamento da pensão de acordo com as particularidades de cada caso. Contudo, sua aplicação exigirá critérios objetivos para evitar que a antecipação do valor gere prejuízos para qualquer uma das partes envolvidas.

Essas disposições reforçam a proteção da vítima ao garantir compensações que levem em conta a extensão dos danos e a realidade econômica dos envolvidos.

3.1.35. Artigo 951

A seguir, passa-se à análise do artigo 951 do anteprojeto de atualização do Código Civil, que apresenta a seguinte previsão, mantido o atual número do artigo:[136]

> O disposto nos arts. 948, 949 e 950 aplica-se ainda no caso de indenização devida por aquele que, no exercício de atividade profissional, em conformidade com protocolos, técnicas reconhecidas ou adotadas pela profissão, por negligência,

[136] Art. 951. O disposto nos arts. 948, 949 e 950 aplica-se ainda no caso de indenização devida por aquele que, no exercício de atividade profissional, por negligência, imprudência ou imperícia, causar a morte do paciente, agravar-lhe o mal, causar-lhe lesão, ou inabilitá-lo para o trabalho.

> imprudência ou imperícia, causar a morte do paciente, agravar-lhe o mal, causar-lhe lesão ou inabilitá-lo para o trabalho.
>
> § 1º Reconhecida a culpa do profissional, a entidade com a qual possua algum vínculo de emprego ou de preposição, responde objetivamente pelos danos por ele causados.
>
> § 2º Nos casos em que a lesão ou morte resultar de falha de equipamentos de manuseio médico-hospitalar, a responsabilidade civil será regida pela legislação específica, para que fabricantes, distribuidores e instituições de saúde envolvidas na adoção, utilização ou administração desses aparelhos respondam objetiva e solidariamente pelos danos causados.
>
> § 3º Nas hipóteses do parágrafo anterior, fica excluída a responsabilidade do profissional liberal, quando chamado em regresso pelo responsável e não ficar demonstrada a sua culpa por lesão ou morte.

Esse dispositivo estende as regras dos artigos anteriores para os casos de erro profissional, especialmente no âmbito da responsabilidade civil médica e hospitalar. A norma busca disciplinar os critérios de reparação nos casos em que um profissional, no exercício de sua atividade, causar danos ao paciente por negligência, imprudência ou imperícia.

O *caput* confirma a aplicação dos parâmetros previstos nos artigos 948, 949 e 950, assegurando que, em casos de morte, agravamento da condição do paciente ou incapacidade para o trabalho, a indenização deve abranger despesas médicas, lucros cessantes e, quando aplicável, pensão compensatória.

O primeiro parágrafo estabelece a responsabilidade objetiva das entidades empregadoras ou preponentes, determinando que, quando reconhecida a culpa do profissional, a instituição com a qual ele possua vínculo deve responder pelos danos causados. Esse dispositivo segue a lógica já consolidada pelo Código Civil e pela jurisprudência, que atribuem responsabilidade objetiva a hospitais e clínicas pelos atos de seus empregados ou prepostos, independentemente da culpa da instituição.

O segundo parágrafo introduz um aspecto importante ao dispor que, quando o dano resultar da falha de equipamentos médicos hospitalares, a responsabilidade será regida por legislação específica. Nesse contexto, fabricantes, distribuidores e instituições de saúde que adotam, administram ou utilizam tais aparelhos responderão de forma objetiva e solidária pelos danos causados. Essa previsão reforça a necessidade de padrões de segurança rigorosos na fabricação e no uso de equipamentos médicos, impedindo que falhas técnicas comprometam a saúde do paciente sem uma devida responsabilização.

O terceiro parágrafo exclui a responsabilidade do profissional liberal nos casos em que ele for chamado em regresso pela instituição hospitalar e não houver comprovação de sua culpa. Isso significa que, caso a falha tenha decorrido exclusivamente do mau funcionamento de equipamentos médicos, o profissional de saúde não poderá ser responsabilizado automaticamente, salvo prova de que tenha agido com culpa. Essa disposição protege médicos e demais profissionais da saúde que atuam de maneira autônoma, evitando que sejam responsabilizados indevidamente por falhas estruturais ou técnicas alheias ao seu controle.

No geral, o artigo fortalece a segurança jurídica na responsabilidade civil médica, delimitando as hipóteses de reparação de danos e distribuindo a responsabilidade de forma mais justa entre os agentes envolvidos na prestação de serviços de saúde.

3.1.36. Artigo 952

Pela revisão, o art. 952 do atual Código resta revogado.

3.1.37. Artigo 952-A

Agora, passa-se à análise do artigo 952-A do anteprojeto de atualização do Código Civil, que apresenta a seguinte previsão:

> As pessoas naturais ou jurídicas, de Direito Público ou Direito Privado, terão a obrigação de reparar integralmente os danos causados ao meio ambiente, por sua atividade, independentemente da existência de culpa.
>
> § 1º A responsabilidade prevista neste artigo pode ser afastada em caso de fato exclusivo de terceiro.
>
> § 2º A responsabilidade prevista no caput deste artigo tem caráter solidário, devendo ser atribuída a todos que, direta ou indiretamente, contribuíram para o evento danoso.

Esse artigo consolida a responsabilidade civil ambiental no Código Civil, reafirmando o caráter objetivo e solidário da obrigação de reparar os danos causados ao meio ambiente.

O *caput* estabelece que pessoas físicas e jurídicas, sejam de direito público ou privado, são responsáveis independentemente de culpa pelos prejuízos ambientais decorrentes de suas atividades. Essa formulação reforça a teoria do risco integral, amplamente adotada na jurisprudência brasileira e prevista na Lei da Política Nacional do Meio Ambiente (Lei nº 6.938/1981) e na Constituição Federal (art. 225, § 3º).

O primeiro parágrafo introduz uma hipótese de exclusão de responsabilidade, prevendo que a obrigação de indenizar pode ser afastada caso o dano decorra exclusivamente da conduta de terceiro. Essa exceção segue o entendimento de que, para que o agente se exima da reparação, deve demonstrar que não teve qualquer participação na ocorrência do evento danoso. Contudo, a disposição proposta na reforma parece se distanciar do entendimento do STJ sobre a *teoria do risco integral*, inclusive, em sede de recurso repetitivo:

> Incide no caso a teoria do risco integral, vindo daí o caráter objetivo da responsabilidade. Ademais, jamais poderia ser aceita a excludente de responsabilidade por culpa de terceiro, sustentada com base na alegação de que a manobra causadora do acidente teria sido provocada pelo fato de deslocamento de bóia de sinalização. O dano ambiental, cujas conseqüências se propagaram ao lesado (assim como aos demais lesados), é, por expressa previsão legal, de responsabilidade objetiva (art. 225, § 3º, da CF e do art. 14, § 1º, da Lei nº 6.938/81), impondo-se, pois, ao poluidor, indenizar, para, posteriormente, ir cobrar de terceiro que porventura sustente ter responsabilidade pelo fato. Assim sendo, descabida a alegação da ocorrência de caso fortuito, como excludente de responsabilidade.[137]

---

[137] AÇÃO DE INDENIZAÇÃO – DANOS MATERIAIS E MORAIS A PESCADORES CAUSADOS POR POLUIÇÃO AMBIENTAL POR VAZAMENTO DE NAFTA, EM DECORRÊNCIA DE COLISÃO DO NAVIO N-T NORMA NO PORTO DE PARANAGUÁ – 1) PROCESSOS DIVERSOS DECORRENTES DO MESMO FATO, POSSIBILIDADE DE TRATAMENTO COMO RECURSO REPETITIVO DE TEMAS DESTACADOS PELO PRESIDENTE DO TRIBUNAL, À CONVENIÊNCIA DE FORNECIMENTO DE ORIENTAÇÃO JURISPRUDENCIAL UNIFORME SOBRE CONSEQUÊNCIAS JURÍDICAS DO FATO, QUANTO A MATÉRIAS REPETITIVAS; 2) TEMAS: a) CERCEAMENTO DE DEFESA INEXISTENTE NO JULGAMENTO ANTECIPADO, ANTE OS ELEMENTOS DOCUMENTAIS SUFICIENTES; b) LEGITIMIDADE DE PARTE DA PROPRIETÁRIA DO NAVIO TRANSPORTADOR DE CARGA PERIGOSA, DEVIDO A RESPONSABILIDADE OBJETIVA. PRINCÍPIO DO POLUIDOR-PAGADOR; c) INADMISSÍVEL A EXCLUSÃO DE RESPONSABILIDADE POR FATO DE TERCEIRO; d) DANOS MORAL E MATERIAL CARACTERIZADOS; e) JUROS MORATÓRIOS: INCIDÊNCIA A PARTIR DA DATA DO EVENTO DANOSO – SÚMULA 54/STJ; f) SUCUMBÊNCIA. 3) IMPROVIMENTO DO RECURSO, COM OBSERVAÇÃO. 1.- É admissível, no sistema dos Recursos Repetitivos (CPC, art. 543-C e Resolução STJ 08/08) definir, para vítimas do mesmo fato, em condições idênticas, teses jurídicas uniformes para as mesmas consequências jurídicas. 2.- Teses firmadas: a) Não cerceamento de defesa ao julgamento antecipado da lide.- Não configura cerceamento de defesa o julgamento antecipado da lide (CPC, art. 330, I e II) de processo de ação de indenização por danos materiais e morais, movida por pescador profissional artesanal contra a Petrobrás, decorrente de impossibilidade de exercício da profissão, em virtude de poluição ambiental causada por derramamento de nafta devido a avaria do Navio "N-T Norma", a 18.10.2001, no Porto de Paranaguá, pelo período em que suspensa a pesca pelo IBAMA (da data do fato até 14.11.2001); b) Legitimidade ativa ad causam.- É parte legítima para ação de indenização supra referida o pescador profissional artesanal, com início de atividade profissional registrada no Departamento de Pesca e Aquicultura do Ministério da Agricultura, e do Abastecimento anteriormente ao fato, ainda que a emissão da carteira de pescador profissional tenha ocorrido posteriormente, não havendo a ré alegado e provado falsidade dos dados constantes do registro e provado haver recebido atenção do poder público devido a consequências profissionais do acidente; c) Inviabilidade de alegação de culpa exclusiva de terceiro, ante a responsabilidade objetiva.- A alegação de culpa exclusiva de terceiro pelo acidente em causa, como excludente de responsabilidade, deve ser afastada, ante a incidência da teoria do risco integral e da responsabilidade objetiva ínsita ao dano ambiental (art. 225, § 3º, da CF e do art. 14, § 1º, da Lei nº 6.938/81), responsabilizando o degradador em decorrência do princípio do poluidor-pagador. d) Configuração de dano moral.- Patente o sofrimento intenso de pescador profissional artesanal, causado pela privação das condições de trabalho, em consequência do dano ambiental, é também devida a indenização por dano moral, fixada, por equidade, em valor equivalente a um salário-mínimo. e) termo inicial de incidência dos juros moratórios na data do evento danoso.- Nos termos da Súmula 54/STJ, os juros moratórios incidem a partir da data do fato, no tocante aos valores devidos a título de dano material e moral; f) Ônus da sucumbência.- Prevalecendo os termos da Súmula 326/STJ, a condenação em montante inferior ao postulado na inicial

O segundo parágrafo reforça a solidariedade da responsabilidade ambiental, determinando que todos os envolvidos, direta ou indiretamente, respondam pelos danos causados ao meio ambiente. Esse princípio impede que eventuais responsáveis aleguem divisões artificiais de responsabilidade para evitar a reparação. Assim, qualquer agente que tenha contribuído para o dano, seja ele o executor direto ou um terceiro beneficiado, poderá ser acionado judicialmente para a recomposição do meio ambiente degradado.

Essa disposição está em sintonia com a jurisprudência consolidada do Superior Tribunal de Justiça, que aplica o princípio da reparação integral do dano ambiental, assegurando que a recuperação do meio ambiente seja prioritária e não dependa da demonstração de culpa do agente causador.[138] Ainda, a depender da hipótese, o STJ entende possível a cumulação de indenizações.[139]

---

não afasta a sucumbência mínima, de modo que não se redistribuem os ônus da sucumbência. 3.- Recurso Especial improvido, com observação de que julgamento das teses ora firmadas visa a equalizar especificamente o julgamento das ações de indenização efetivamente movidas diante do acidente ocorrido com o Navio N-T Norma, no Porto de Paranaguá, no dia 18.10.2001, mas, naquilo que encerram teses gerais, aplicáveis a consequências de danos ambientais causados em outros acidentes semelhantes, serão, como natural, evidentemente considerados nos julgamentos a se realizarem. (BRASIL. Superior Tribunal de Justiça. Segunda Seção. *REsp n. 1.114.398/PR*. Rel. Min. Sidnei Beneti. Julgado em: 08/02/2012. Disponível em: https://scon.stj.jus.br/SCON/GetInteiroTeorDoAcordao?num_registro=200900679891&dt_publicacao=16/02/2012. Acesso em: 15 abr. 2025).

[138] AGRAVO INTERNO NO AGRAVO EM RECURSO ESPECIAL – AUTOS DE AGRAVO DE INSTRUMENTO NA ORIGEM – DECISÃO MONOCRÁTICA DA PRESIDÊNCIA DESTA CORTE QUE NÃO CONHECEU DO RECLAMO. INSURGÊNCIA RECURSAL DA AGRAVANTE. 1. A parte agravante demonstrou, nas razões do agravo interno, ter impugnado especificamente os fundamentos da decisão de inadmissibilidade proferida na origem, não sendo caso de aplicação da Súmula 182/STJ. Agravo (art. 1042 do CPC/15) conhecido em juízo de retratação. 2. A alegação de afronta aos artigos 489 e 1.022 do CPC/15 se deu de forma genérica, circunstância impeditiva do conhecimento do recurso especial, no ponto, pela deficiência na fundamentação. Aplicação da Súmula 284 do STF, por analogia. 3. Conforme a jurisprudência desta Corte Superior, "Tratando-se de ação indenizatória por dano ambiental, a responsabilidade pelos danos causados é objetiva, pois fundada na teoria do risco integral. Assim, cabível a inversão do ônus da prova" (AgRg no AREsp 533.786/RJ, Rel. Ministro ANTONIO CARLOS FERREIRA, Quarta Turma, julgado em 22/9/2015, DJe de 29/9/2015). Incidência da Súmula 83/STJ. 4. Nos termos do entendimento pacificado deste Tribunal Superior, encontram-se sob a proteção dos ditames do Código de Defesa do Consumidor aqueles que, embora não tenham participado diretamente da relação de consumo, sejam vítimas de evento danoso decorrente dessa relação, como consumidores por equiparação, o que atrai a incidência da Súmula 83/STJ. 5. Agravo interno provido para reconsiderar a decisão de fls. 439-440 (e-STJ) e, de plano, conhecer do agravo para negar provimento ao recurso especial. (BRASIL. Superior Tribunal de Justiça. Quarta Turma. *AgInt no AREsp n. 1.959.757/RS*. Rel. Min. Marco Buzzi. Julgado em 17/04/2023. Disponível em: https://scon.stj.jus.br/SCON/GetInteiroTeorDoAcordao?num_registro=202102538025&dt_publicacao=20/04/2023. Acesso em: 21 mar. 2025).

[139] PROCESSUAL CIVIL. DIREITO AMBIENTAL. AGRAVO INTERNO NOS EMBARGOS DE DECLARAÇÃO NO AGRAVO EM RECURSO ESPECIAL. DANO AMBIENTAL. CUMULAÇÃO DE CONDENAÇÕES AO CUMPRIMENTO DE OBRIGAÇÃO DE FAZER E DE PAGAR. POSSIBILIDADE. SÚMULA N. 629 DO STJ. SUBSIDIARIDADE DA CONDENAÇÃO PECUNIÁRIA. DEGRADADOR DIRETO. INEXISTÊNCIA. AGRAVO INTERNO PROVIDO. 1. Tem razão o agravante, no sentido de que os precedentes mencionados na decisão que acolheu os embargos

O artigo fortalece a proteção ambiental dentro do Código Civil, alinhando-se às normas já existentes na legislação ambiental brasileira. Contudo, sua interpretação exigirá cautela para evitar distorções no conceito de fato exclusivo de terceiro, bem como para definir a extensão da solidariedade entre os responsáveis, especialmente em cadeias produtivas complexas.

3.1.38. Artigo 953

Pelo o que se observa do texto da revisão, o art. 953 do atual Código foi revogado.

3.1.39. Artigo 953-A

Agora, passamos à análise do artigo 953-A do anteprojeto de atualização do Código Civil, que apresenta a seguinte previsão: "O membro da advocacia pública ou privada será civil e regressivamente responsável quando agir com dolo ou fraude no exercício de suas funções e atividades profissionais".

Esse dispositivo estabelece a responsabilidade civil do advogado, seja ele atuante na esfera pública ou privada, restringindo sua responsabilização a hipóteses de dolo ou fraude.

Ao adotar essa formulação, o artigo reforça a proteção ao exercício da advocacia, garantindo que o profissional não seja responsabilizado civilmente por meros erros ou equívocos na atuação, mas apenas em casos de má-fé deliberada. Essa previsão está em sintonia com o princípio da independência funcional do advogado, essencial para a garantia do direito de defesa e para o adequado funcionamento do sistema de justiça.

A responsabilidade prevista é regressiva, ou seja, caso um terceiro seja indenizado em razão da conduta dolosa ou fraudulenta do advo-

de declaração, com efeitos infringentes, não são aplicáveis no caso concreto, pois tratam da responsabilidade ambiental subsidiária do ente público, caso o degradador direto não cumpra as obrigações às quais restou condenado. O caso concreto diz respeito à responsabilização direta do próprio responsável pelo dano ambiental. 2. Nos termos da Súmula n. 629 do STJ, é cabível a cumulação à condenação à obrigação de fazer (reparação do dano) com o pagamento de indenização, quando a reparação integral do dano ambiental não for possível. 3. Diante da ratio essendi que embasa a permissão à cumulação das condenações, conclui-se que a reparação pecuniária não possui natureza subsidiária em relação à obrigação de fazer, mas são cumulativas, podendo o pagamento da indenização ser cobrado independentemente do cumprimento ou não na obrigação de fazer. 4. Agravo interno provido para rejeitar os embargos de declaração, ficando inalterada a decisão que não conhecera do recurso especial do embargado.(BRASIL. Superior Tribunal de Justiça. Segunda Turma. *AgInt nos EDcl no AREsp n. 1.418.052/S*. Rel. Min. Teodoro Silva Santos. Julgado em: 19/02/2025. Disponível em: https://scon.stj.jus.br/SCON/GetInteiroTeorDoAcordao?num_registro=201803357306&dt_publicacao=25/02/2025. Acesso em: 21 mar. 2025).

gado, este poderá ser chamado a ressarcir os danos que causou. Esse critério é particularmente relevante na advocacia pública, em que o Estado pode responder por atos de seus agentes, mas mantém o direito de regresso contra o responsável, caso se comprove o dolo ou a fraude.

Esse dispositivo também se alinha ao Estatuto da Advocacia (Lei nº 8.906/1994), que já prevê limites para a responsabilidade civil do advogado, destacando que sua atuação profissional não pode ser confundida com a garantia de êxito nas demandas que patrocina.

Portanto, essa norma reforça a segurança jurídica no exercício da advocacia, assegurando que os advogados não sejam responsabilizados por simples falhas ou interpretações jurídicas controvertidas, mas apenas quando houver intenção dolosa de causar prejuízo.

3.1.40. Artigo 954

Pelo o que se observa do texto da reforma, o art. 954 do atual Código foi revogado.

Conclusão

Um novo momento no direito privado e com influência decisiva na responsabilidade civil em nossa ordem jurídica está por vir.

As transformações sociais, tecnológicas e econômicas impõem desafios inéditos ao Direito, exigindo não apenas atualizações legislativas, mas também uma releitura dos institutos clássicos à luz dos princípios constitucionais e da realidade contemporânea.

Muitos autores ponderam e escrevem sobre os rumos da responsabilidade civil. Sergio Cavalieri Filho nos mostra que atualmente a preocupação da responsabilidade civil vem no seguinte sentido:

> [...] antes centrada no sujeito responsável, volta-se agora para a vítima e a reparação do dano por ele sofrido. O dano, nessa nova perspectiva, deixa de ser apenas contra a vítima para ser também contra a coletividade, passando a ser um problema de toda a sociedade.[140]

Essa mudança de perspectiva demonstra que a responsabilidade civil não pode mais ser analisada de forma isolada, mas sim, como um instrumento de proteção coletiva e de construção de uma sociedade mais justa e solidária.

Da mesma forma Giselda Hironaka pondera e alerta:

> A grande questão, em sede de responsabilidade civil contemporânea, a se envolver nas dobras do pensamento jurídico da pós-modernidade, afinal de contas, é aquela que mostra a atual tendência de revolta contra as torrentes de construções doutrinárias e jurisprudenciais que visaram, precipuamente, *dar menos* à interpretação dos textos legais, no sentido do favorecimento do direito das vítimas, para *dar mais*, a essa interpretação que correu no sentido de melhor favorecer o interesse do demandado em não reparar o dano causado.[141]

Nas palavras de Alexandre Guerra acerca da reforma do Código Civil:

> Reformar um diploma legislativo da magnitude do Código Civil brasileiro é hercúlea tarefa que exige sabedoria, coragem, competência e prudência de todos

---

140 CAVALIERI FILHO, Sergio. *Programa de responsabilidade civil*. 11. ed. São Paulo: Atlas, 2014, p. 9.

141 HIRONAKA, Giselda Maria Fernandes Novaes. Responsabilidade pressuposta: evolução de fundamentos e de paradigmas da responsabilidade civil na contemporaneidade. In: *Ensaios sobre responsabilidade civil*. Coordenação de Giselda Maria Fernandes Novaes Hironaka e Maria Clara Osuna Diaz Falavigna. Porto Alegre: Magister, 2007, p. 150.

os que nele estão envolvidos. Tudo o que é novo traz consigo temor, porque é próprio da alma humana temer o que se desconhece. Mas é também verdadeiro que o desconhecido nem sempre traz perdas; ao reverso, muito se pode ganhar quando se acredita, com otimismo, nas potencialidades do porvir. O amadurecimento da Ciência do Direito caminha ao lado de uma responsabilidade civil que atinge maturidade na jurisprudência.

Que na reforma do Código Civil, prevaleçam o Humanismo e a dignificação do ser humano.[142]

Há muito já ponderava Pontes de Miranda sobre o *neminem laerere*, no sentido de se tratar de um dos princípios fundamentais da ordem social, contudo, alertando sobre se tratar de um *princípio formal*, de sorte a exigir uma determinação concreta sobre o significado e alcance sobre a hipótese de que, em algum lugar e tempo, um ato ser considerando ofensivo, e em outro lugar e tempo, não ser considerado.[143] A reforma, entendemos assim, possibilita dar maior concretude ao *neminem laerere* conforme pudemos observar de sua redação.

O amadurecimento da responsabilidade civil não se dá apenas pela atualização legislativa, mas pelo desenvolvimento de uma interpretação que privilegie a proteção dos direitos fundamentais, a justiça social e a segurança jurídica. A revisão e atualização do Código Civil deve ser compreendida como uma oportunidade para consolidar avanços e corrigir eventuais distorções, garantindo que a responsabilidade civil continue a cumprir sua função de reparar, prevenir e dissuadir condutas lesivas.

Ao longo desta obra, foi possível observar como a atualização da responsabilidade civil pode fortalecer a dignidade da pessoa humana, promover uma reparação mais justa e efetiva e proporcionar maior coerência sistêmica ao ordenamento jurídico. O estudo detalhado das mudanças propostas revelou avanços significativos, mas também pontos que demandam atenção e reflexão crítica por parte da doutrina, da jurisprudência e dos operadores do Direito.

Dessa forma, conclui-se que a responsabilidade civil do futuro deve ser pautada por um modelo mais justo e equilibrado, que respeite os valores constitucionais e assegure a reparação integral dos danos sofridos.

Independentemente do resultado final da reforma, seja com a incorporação total, parcial ou com ajustes nos dispositivos propostos, é fundamental que os textos normativos não se distanciem da interpre-

142 GUERRA, Alexandre. A contribuição da jurisprudência à responsabilidade civil na reforma do Código Civil brasileiro. In: *Migalhas de Responsabilidade Civil.* Disponível em: https://www.migalhas.com.br/coluna/migalhas-de-responsabilidade-civil/402585/a-responsabilidade-civil-na-reforma-do-cc-brasileiro. Acesso em: 18 jun. 2024.

143 PONTES DE MIRANDA. *Tratado de direito privado.* Tomo 53. ALVES, Rodrigues, Vilson (atual). Campinas: Bookseller, 2008, p. 31.

tação constitucional do direito privado à luz da dignidade da pessoa humana.

A dignidade da pessoa humana, erigida a fundamento da República pela Constituição de 1988, não pode ser relegada a um papel secundário na reformulação das normas civis. Qualquer alteração legislativa deve-se submeter a esse princípio fundamental, que permeia toda a estrutura do ordenamento jurídico e confere sentido à aplicação do Direito. Neste sentido, alertam Nelson Rosenvald e Felipe Braga Netto: "Repugna à civilização contemporânea todo e qualquer ato que alije o ser humano de sua humanidade".[144]

Nesse contexto, a responsabilidade civil não é apenas um mecanismo de compensação patrimonial, mas um instrumento de realização da justiça social, garantindo que as vítimas de danos injustos não sejam desamparadas, e que os agentes lesivos sejam responsabilizados de forma proporcional e adequada.

O direito privado, cada vez mais constitucionalizado, deve manter-se alinhado com os valores fundamentais do Estado Democrático de Direito, especialmente quando lida com temas sensíveis como a reparação de danos, o equilíbrio nas relações sociais e o papel preventivo da responsabilidade civil. Não há espaço para retrocessos que possam fragilizar a tutela dos direitos individuais e coletivos, nem para interpretações que esvaziem a função reparadora e pedagógica da responsabilidade civil.

Mais do que um conjunto de regras sobre indenização, a responsabilidade civil é um pilar essencial para a proteção da confiança, da boa-fé e da justiça nas relações humanas. Se a atualização do Código Civil pretende modernizar e aprimorar essa estrutura, deve fazê-lo sem comprometer os avanços conquistados na consolidação dos direitos fundamentais e na garantia de uma ordem jurídica equilibrada e solidária.

Portanto, qualquer que seja o desfecho da reforma, a responsabilidade civil deve permanecer ancorada nos princípios constitucionais, tendo a dignidade da pessoa humana como eixo central de sua aplicação e interpretação.

Que a evolução legislativa seja sempre um avanço em direção à justiça e à proteção dos direitos fundamentais, nunca um retrocesso que fragilize as conquistas históricas no campo da reparação dos danos.

Que, na aplicação e interpretação da atualização do Código Civil, prevaleçam o Humanismo e a dignificação do ser humano.

---

[144] ROSENVALD, Nelson; NETTO, Felipe Braga. *Responsabilidade civil:* teoria geral. Indaiatuba: Foco, 2024, p. 37.

Referências

AGUIAR DIAS, José de. *Da responsabilidade civil.* 12. ed. DIAS, Rui Berford (atual). Rio de Janeiro: Lumen Juris, 2012.

ALMEIDA, Felipe Cunha de. (In)transmissibilidade dos danos imateriais e legitimidade ativa: doutrina e jurisprudência. *Revista Jurídica* (Porto Alegre. 1953), v. 454, p. 43-80, 2015.

ALMEIDA, Felipe Cunha de. Anteprojeto de reforma do Código Civil e a previsão da teoria da perda de uma chance. Disponível em: https://www.migalhas.com.br/coluna/migalhas-de-responsabilidade-civil/408288/reforma-do-cc-e-a-previsao-da-teoria-da-perda-de-uma-chance. Acesso em: 13 abr. 2025.

ALMEIDA, Felipe Cunha de. As correntes subjetiva e objetiva do dano imaterial à luz da análise do AGINT nos EDCL no ARESP 1.713.267/SP. In: *Revista IBERC* v. 6, n. 3, p. 159-172, set./dez. 2023. Disponível em: https://revistaiberc.emnuvens.com.br/iberc/article/view/263. Acesso em: 17 abr. 2025.

ALMEIDA, Felipe Cunha de. Cláusula de não indenizar, cláusula e causa de irresponsabilidade: necessárias considerações e diferenciações. *Revista Juridica* (Porto Alegre. 1953), v. 517, p. 09-34, 2020.

ALMEIDA, Felipe Cunha de. Danos morais, extrapatrimoniais e imateriais: terminologias e causas de pedir diferentes? In: *Revista Eletrônica da ESA OAB/RS.* v. 14, nº 2, 2023. Disponível em: https://admsite.oabrs.org.br/arquivos/file_65960ca0c5d05.pdf. Acesso em: 24 abr. 2025. OABRS: Porto Alegre, 2023.

ALMEIDA, Felipe Cunha de. Responsabilidade civil dos pais pelos filhos menores: doutrina e jurisprudência. *Revista Síntese.* Direito de Família, v. 96, p. 69-85, 2016.

ALMEIDA, Felipe Cunha de. Responsabilidade civil: a passagem da reparação de danos à luz das diferenças entre a antijuridicidade, a ilicitude e o injusto. *Revista Síntese – Direito Civil e Processual Civil,* v. 23, p. 62-78, 2021.

ALMEIDA, Felipe Cunha de; SARTORI, Emily Cristine de Vargas. Dano moral e prescrição à luz dos prazos previstos no código de defesa do consumidor e do código civil. In: *Responsabilidade civil em pauta.* PETRY, Alexandre Torres; BARBOSA, Eduardo Lemos; SILVA, Fernanda Pimentel da. (org). Porto Alegre: OAB/RS, 2023.

ALVIM, Agostinho. Da inexecução das obrigações e suas consequências. 5. ed. São Paulo: Saraiva, 1980.

AZEVEDO, Álvaro Villaça. Teoria geral do direito civil: parte geral: curso de direito civil. São Paulo: Atlas, 2012.

BEVILÁQUA, Clóvis. *Teoria geral do direito civil.* 2. ed. Campinas: Servanda, 2015.

BRASIL. 1ª Turma Recursal dos Juizados Especiais do Distrito Federal. *Acórdão 331988, 20070110900050ACJ.* Rel. Dra: Fátima Rafael. Julgado em: 21/10/2008. Disponível em: https://jurisdf.tjdft.jus.br/acordaos/331988/inteiro-teor/2dcfa6fe-97a6-455d-a642-99f78b5ce323. Acesso em: 10 abr. 2025.

BRASIL. *Código Civil. Lei n. 10.406, de 10 de janeiro de 2002.* DF, 01 jan. 2002. Disponível em: http://www.planalto.gov.br/ccivil_03/LEIS/2002/L10406.htm.

BRASIL. *Código de Processo Civil. Lei nº 13.105, de 16 de março de 2015.* DF, 16 mar. Disponível em: http://www.planalto.gov.br/ccivil_03/_Ato2015-2018/2015/Lei/L13105.htm.

BRASIL. *Código de Proteção e Defesa do Consumidor. Lei nº 8.078, de 11 de setembro de 1990.* DF, 11 de setembro de 1990. Disponível em:http://www.planalto.gov.br/ccivil_03/Leis/L8078.htm.

BRASIL. *Constituição da República Federativa do Brasil de 1988.* DF, 05 outubro de 1988. Disponível em: http://www.planalto.gov.br/ccivil_03/Constituicao/Constituicao.htm.

BRASIL. Primeira Turma. *REsp n. 1.972.156/RS.* Rel. Min. Gurgel de Faria. Julgado em: 03/9/2024. Disponível em: https://scon.stj.jus.br/SCON/GetInteiroTeorDoAcordao?num_registro=202103536529&dt_publicacao=17/09/2024. Acesso em: 08 abr. 2025.

BRASIL. Quarta Turma. *AgInt no AREsp n. 411.909/ES*. Rel. Min. Lázaro Guimarães (Desembargador Convocado do TRF 5ª Região). Julgado em: 21/8/2018. Disponível em: chrome-extension://efaidnbmnnnibpcajpcglclefindmkaj/https://scon.stj.jus.br/SCON/GetInteiroTeorDoAcordao?num_registro=201303478938&dt_publicacao=24/08/2018. Acesso em: 21 jun. 2024.

BRASIL. Superior Tribunal de Justiça. AREsp 2288177. Rel. Min. João Otávio de Noronha. Publicado em: 19/05/2023. Disponível em: https://processo.stj.jus.br/processo/dj/documento/mediado/?tipo_documento=documento&componente=MON&sequencial=182247268&num_registro=202300285048&data=20230519. Acesso em: 17 mar. 2025.

BRASIL. Superior Tribunal de Justiça. *AREsp 2704333*. Rel. Min. Moura Ribeiro. Publicado em: 22/10/2024. Disponível em: https://processo.stj.jus.br/processo/dj/documento/mediado/?tipo_documento=documento&componente=MON&sequencial=276516647&num_registro=202402702368&data=20241022. Acesso em: 10 abr. 2025.

BRASIL. Superior Tribunal de Justiça. *AREsp 2746497*. Rel. Min. Sérgio Kukina. Publicado em: 05/03/2025. Disponível em: https://processo.stj.jus.br/processo/dj/documento/mediado/?tipo_documento=documento&componente=MON&sequencial=298775521&num_registro=202403485695&data=20250305. Acesso em: 27 abr. 2025.

BRASIL. Superior Tribunal de Justiça. *AREsp 2849251*. Rel. Min. Herman Benjamin. Publicado em: 02/04/2025. Disponível em: https://processo.stj.jus.br/processo/dj/documento/mediado/?tipo_documento=documento&componente=MON&sequencial=304667067&num_registro=202500326398&data=20250402. Acesso em: 15 abr. 2025.

BRASIL. Superior Tribunal de Justiça. Quarta Turma. *AgInt no AREsp n. 1.959.757/RS*. Rel. Min. Marco Buzzi. Julgado em 17/04/2023. Disponível em: https://scon.stj.jus.br/SCON/GetInteiroTeorDoAcordao?num_registro=202102538025&dt_publicacao=20/04/2023. Acesso em: 21 mar. 2025.

BRASIL. Superior Tribunal de Justiça. Quarta Turma. *AgInt no AREsp n. 2.118.777/RJ*. Rel. Min. Raul Araújo. Julgado em: 20/5/2024. Disponível em: https://scon.stj.jus.br/SCON/GetInteiroTeorDoAcordao?num_registro=202201260978&dt_publicacao=04/06/2024. Acesso em: 08 abr. 2025.

BRASIL. Superior Tribunal de Justiça. Quarta Turma. *AgInt no AREsp n. 2.624.804/SP*. Rel. Min. Raul Araújo. Julgado em 04/11/2024. Disponível em: https://processo.stj.jus.br/processo/julgamento/eletronico/documento/?documento_tipo=integra&documento_sequencial=280330847&registro_numero=202401154570&peticao_numero=202400831691&publicacao_data=20241129. Acesso em: 09 abr. 2025.

BRASIL. Superior Tribunal de Justiça. Quarta Turma. *AgInt no REsp n. 1.697.723/RJ*. Rel. Min. Raul Araújo. Julgado em: 01/10/2024. Disponível em: https://scon.stj.jus.br/SCON/GetInteiroTeorDoAcordao?num_registro=201702323023&dt_publicacao=09/12/2024. Acesso em: 15 abr. 2025.

BRASIL. Superior Tribunal de Justiça. *REsp 2013756*. Rel. Min. Luis Felipe Salomão. Publicado em: 30/08/2022. Disponibilizado em: https://processo.stj.jus.br/processo/dj/documento/mediado/?tipo_documento=documento&componente=MON&sequencial=162609845&num_registro=202202178628&data=20220830. Acesso em: 10 abr. 2025.

BRASIL. Superior Tribunal de Justiça. *REsp 2095398*. Rel. Min. Moura Ribeiro. Publicado em: 22/09/2023. https://processo.stj.jus.br/processo/dj/documento/mediado/?tipo_documento=documento&componente=MON&sequencial=209232128&num_registro=202301130103&data=20230922. Acesso em: 14 abr. 2025.

BRASIL. Superior Tribunal de Justiça. Segunda Seção. *REsp n. 1.114.398/PR*. Rel. Min. Sidnei Beneti. Julgado em: 08/02/2012. Disponível em: https://scon.stj.jus.br/SCON/GetInteiroTeorDoAcordao?num_registro=200900679891&dt_publicacao=16/02/2012. Acesso em: 15 abr. 2025.

BRASIL. Superior Tribunal de Justiça. Segunda Seção. *REsp n. 1.361.182/RS*. Rel. Min. Marco Buzzi. Relator para acórdão: Min. Marco Aurélio Bellizze. Julgado em: 10/8/2016. Disponível em: https://scon.stj.jus.br/SCON/GetInteiroTeorDoAcordao?num_registro=201300087025&dt_publicacao=19/09/2016. Acesso em: 08 abr. 2025.

BRASIL. Superior Tribunal de Justiça. Segunda Turma. *AgInt no REsp n. 2.026.062/RS*. Rel. Min. Afrânio Vilela. Julgado em: 24/6/2024. Disponível em: https://scon.stj.jus.br/SCON/GetInteiroTeorDoAcordao?num_registro=202202874529&dt_publicacao=26/06/2024. Acesso em: 15 abr. 2025.

BRASIL. Superior Tribunal de Justiça. Segunda Turma. *AgInt nos EDcl no AREsp n. 1.418.052/S*. Rel. Min. Teodoro Silva Santos. Julgado em: 19/02/2025. Disponível em: https://scon.stj.jus.br/SCON/GetInteiroTeorDoAcordao?num_registro=201803357306&dt_publicacao=25/02/2025. Acesso em: 21 mar. 2025.

BRASIL. Superior Tribunal de Justiça. Segunda Turma. *REsp n. 1.141.429/SP*. Rel. Min. Castro Meira. Julgado em 22/09/2009. Disponível em: https://scon.stj.jus.br/SCON/GetInteiroTeorDoAcordao?num_registro=200900971114&dt_publicacao=05/10/2009. Acesso em 15 abr. 2009.

BRASIL. Superior Tribunal de Justiça. Terceira Turma. *AgInt no AREsp n. 1.469.104/DF*. Rel. Min. Ricardo Villas Bôas Cueva. Julgado em 16/03/2020. Disponível em: chrome-extension://efaidnbmnnnibpcajpcglclefindmkaj/https://scon.stj.jus.br/SCON/GetInteiroTeorDoAcordao?num_registro=201900750742&dt_publicacao=19/03/2020. Acesso em: 21 jun. 2024.

BRASIL. Superior Tribunal de Justiça. Terceira Turma. *AgInt no REsp n. 2.147.565/SP*. Rel. Min. Marco Aurélio Bellizze. Julgado em :19/8/2024. Disponível em: https://scon.stj.jus.br/SCON/GetInteiroTeorDoAcordao?num_registro=202401949753&dt_publicacao=22/08/2024. Acesso em: 08 abr. 2025.

BRASIL. Superior Tribunal de Justiça. Terceira Turma. *REsp n. 1.164.236/MG*. Rel. Mina. Nancy Andrigh. Julgado em: 21/2/2013. Disponível em: https://scon.stj.jus.br/SCON/GetInteiroTeorDoAcordao?num_registro=200902115024&dt_publicacao=28/02/2013. Acesso em: 09 abr. 2025.

BRASIL. Superior Tribunal de Justiça. Terceira Turma. *REsp n. 1.526.467/RJ*. Rel. Min. Ricardo Villas Bôas Cueva. Julgado em: 13/10/2015. Disponível em: https://scon.stj.jus.br/SCON/GetInteiroTeorDoAcordao?num_registro=201401432778&dt_publicacao=23/10/2015. Acesso em: 09 abr. 2025.

BRASIL. Superior Tribunal de Justiça. Terceira Turma. *REsp n. 1.894.987/PA*. Re. Min. Marco Aurélio Bellizze. Julgado em: 07/11/2023. Disponível em: https://scon.stj.jus.br/SCON/GetInteiroTeorDoAcordao?num_registro=202002366960&dt_publicacao=14/11/2023. Acesso em: 10 abr. 2025.

BRASIL. Superior Tribunal de Justiça. Terceira Turma. *REsp n. 2.171.033/SP*. Rel. Min. Moura Ribeiro. Julgado em: 18/03/2025. Disponível em: https://scon.stj.jus.br/SCON/GetInteiroTeorDoAcordao?num_registro=202400125267&dt_publicacao=11/04/2025. Acesso em: 13 abr. 2025.

BRASIL. Tribunal de Justiça de Santa Catarina. Quinta Câmara de Direito Civil. *Apelação Cível n. 2014.055195-7*. Rel. Des: Henry Petry Junior. Julgado em: 10/09/2015. Disponível em: https://busca.tjsc.jus.br/jurisprudencia/html.do?q=%22art.%20946%20do%20C%F3digo%20Civil%22&only_ementa=&frase=&id=AAAbmQAACAANqgzAAO&categoria=acordao. Acesso em: 14 abr. 2025.

BRASIL. Tribunal de Justiça de São Paulo. 32ª Câmara de Direito Privado. *Apelação Cível 1004188-94.2023.8.26.0072*. Rel. Des: Claudia Menge. Julgado em: 01/04/2025. Disponível em: https://esaj.tjsp.jus.br/cjsg/getArquivo.do?cdAcordao=19068260&cdForo=0. Acesso em: 08 abr. 2025.

BRASIL. Tribunal de Justiça do Mato Grosso. Quarta Câmara de Direito Privado. *Apelação Cível nº 0002696-45.2013.8.11.0010*. Rel. Des: Serly Marcondes Alves. Julgado em: 08/07/2015. Disponível em: https://jurisprudencia.tjmt.jus.br/consulta?aba=Acordao&isTelaInicial=false&txtBusca=%22APLICA%C3%87%C3%83O%20DO%20DISPOSTO%20NO%20ART.%20939%20DO%20C%C3%93DIGO%20CIVIL%22&isBasica=true&indice=1&quantidade=5&ordenarPor=DataDecrescente&ordenarDataPor=Julgamento&tipoBusca=1&thesaurus=false&fqTermos=&k=ln6pv. Acesso em: 10 abr. 2025.

BRASIL. Tribunal de Justiça do Paraná. Nona Câmara Cível. *Apelação Cível nº 1.595.848-8*. Rel. Des: Vilma Régia Ramos de Rezende. Julgado em:. 01/06/2017. Disponível em: https://portal.tjpr.jus.br/jurisprudencia/j/12367104/Ac%C3%B3rd%C3%A3o-#integra_12367104. Acesso em: 09 abr. 2025.

BRASIL. Tribunal de Justiça do Rio de Janeiro. Oitava Cãmara de Direito Privado. *Apelação n.º 0304580-60.2021.8.19.0001*. Rel. Des: Elton Martinez Carvalho Leme. Julgado em: 11/02/2025. Disponível em: https://www3.tjrj.jus.br/EJURIS/temp/d233107a-7981-44f8-ae12-a2114eeec956.html. Acesso em: 09 abr. 2025.

BRASIL. Tribunal de Justiça do Rio Grande do Sul. Quinta Câmara Cível. *Apelação Cível nº 50000293020118210127*. Rel. Des: Isabel Dias Almeida. Julgado em: 24/04/2024. Disponível em: https://www.tjrs.jus.br/buscas/jurisprudencia/exibe_html.php. Acesso em: 18 jun. 2024.

CAVALIERI FILHO, Sergio. *Programa de responsabilidade civil*. 11. ed. São Paulo: Atlas, 2014.

DIDIER JR., Fredie; BRAGA, Paula Sarno; OLIVEIRA, Rafael Alexandria de. *Curso de direito processual civil*. 14. ed. v. 2. Salvador: Juspodivm, 2019.

DIREITO, Carlos Alberto Menezes; CAVALIERI FILHO, Sergio. *Comentários ao novo Código Civil:* da responsabilidade civil: das preferências e privilégios creditórios (arts. 927 a 965). 3. ed. v. XIII. TEIXEIRA, Sálvio de Figueiredo (Coord.). Rio de Janeiro: Forense, 2011.

FACCHINI NETO, Eugênio. Origens e evolução do método bifásico na quantificação dos danos morais. In: *Migalhas de Responsabilidade Civil*. Disponível em: ttps://www.migalhas.com.br/coluna/migalhas-de-responsabilidade-civil/406350/origens-e-evolucao-do-metodo-bifasico-na-quantificacao-de-danos-morais. Acesso em: 27 abr. 2025.

FARIAS, Cristiano Chaves de; NETTO, Felipe Peixoto Braga; ROSENVALD, Nelson. *Novo tratado de responsabilidade civil*. São Paulo: Atlas, 2015.

GAGLIANO, Pablo Stolze; PAMPLONA FILHO, Rodolfo. *Novo curso de direito civil:* responsabilidade civil. 23. ed. São Paulo: Saraiva Jur, 2025.

GALLOTTI, Maria Isabel; CARDOSO, Natasha. O relevante papel do risco no Anteprojeto de Reforma do Código Civil e a responsabilização objetiva. In: *A Reforma do Código Civil*: artigos sobre a atualização da Lei nº 10.406/2002. PACHECO, Rodrigo (org). Brasília, Senado Federal: Coordenação de Edições Técnicas, 2025.

GONÇALVES, Carlos Roberto. *Direito civil brasileiro:* responsabilidade civil. v. 4. 8. ed. São Paulo: Saraiva, 2013.

GUERRA, Alexandre. A contribuição da jurisprudência à responsabilidade civil na reforma do Código Civil brasileiro. In: *Migalhas de Responsabilidade Civil.* Disponível em: https://www.migalhas.com.br/coluna/migalhas-de-responsabilidade-civil/402585/a-responsabilidade-civil-na-reforma-do-cc-brasileiro. Acesso em: 18 jun. 2024.

HIRONAKA, Giselda Maria Fernandes Novaes. Responsabilidade pressuposta: evolução de fundamentos e de paradigmas da responsabilidade civil na contemporaneidade. In*: Ensaios sobre responsabilidade civil.* Coordenação de Giselda Maria Fernandes Novaes Hironaka e Maria Clara Osuna Diaz Falavigna. Porto Alegre: Magister, 2007. Disponível em: https://revistaiberc.responsabilidadecivil.org/iberc/article/view/337/275. Acesso em: 08 abr. 2025.

LÔBO, Paulo. *Direito civil: parte geral.* 6. ed. São Paulo: Saraiva, 2017.

MARQUES, Claudia Lima; BENJAMIN, Antonio Herman V.; MIRAGEM, Bruno. *Comentários ao código de defesa do consumidor.* São Paulo: Revista dos Tribunais, 2019.

MELO, Marco Aurélio Bezerra de. *Direito civil:* responsabilidade civil. OLIVEIRA, J. M. Leoni Lopes de; MELO, Marco Aurélio Bezerra de (org). 2. ed. Rio de Janeiro: Forense, 2018.

MIRAGEM, Bruno. *Responsabilidade civil.* 2. ed. Rio de Janeiro: Forense, 2021.

MORAES, Maria Celina Bodin de. *Danos à pessoa humana:* uma leitura civil-constitucional dos danos morais. 2. ed. Rio de Janeiro: Processo, 2017.

NADER, Paulo. *Curso de direito civil:* responsabilidade civil. 5. ed. V. 7. Rio de Janeiro: Forense, 2014.

NERY JUNIOR, Nelson; NERY, Rosa Maria de Andrade. *Código civil comentado.* 11. ed. São Paulo: Revista dos Tribunais, 2014.

NETTO, Felipe Braga. Os ilícitos civis no projeto de reforma do código civil. In: *Revista IBERC*, v. 8, n. 1, p. 30-79, jan./abr. 2025, p. 61. Disponível em: https://revistaiberc.responsabilidadecivil.org/iberc/article/view/337/275. Acesso em: 08 abr. 2025.

NORONHA, Fernando. *Direito das obrigações.* 4. ed. São Paulo: Saraiva, 2013.

PAVAN, Vitor. A função restitutória da responsabilidade civil no projeto de reforma do Código Civil. In: *Migalhas de Responsabilidade Civil.* Disponível em: https://www.migalhas.com.br/coluna/migalhas-de-responsabilidade-civil/404030/funcao-da-responsabilidade-civil-no-projeto-de-reforma-do-codigo-civil. Acesso em: 17 abr. 2025.

PEREIRA, Caio Mário da Silva. *Instituições de direito civil:* introdução ao direito civil: teoria geral do direito civil. v. I. 29. ed. MORAES, Maria Celina Bodin de (atual). Rio de Janeiro: Forense, 2016.

PONTES DE MIRANDA. *Tratado de direito privado.* Tomo 53. ALVES, Rodrigues, Vilson (atual). Campinas: Bookseller, 2008.

RODRIGUES, Sílvio. *Direito civil:* responsabilidade civil; v. 4. 20. ed. São Paulo: Saraiva, 2008.

ROSENVALD, Nelson. A disciplina da responsabilidade civil por risco da atividade na reforma do Código Civil. In: *Migalhas: Reforma do Código Civil.* Disponível em: https://www.migalhas.com.br/coluna/reforma-do-codigo-civil/407672/responsabilidade-civil-por-risco-da-atividade-na-reforma-do-cc. Acesso em: 17 abr. 2025.

ROSENVALD, Nelson. Breve exposição de motivos da reforma do Título IX – "Da responsabilidade civil". In: *Migalhas de Responsabilidade civil.* Disponível em: https://www.migalhas.com.br/coluna/migalhas-de-responsabilidade-civil/401218/da-responsabilidade-civil. Acesso em: 13 abr. 2025.

ROSENVALD, Nelson. Função preventiva da responsabilidade civil no Anteprojeto de Reforma do Código Civil. In: *A Reforma do Código Civil*: artigos sobre a atualização da Lei nº 10.406/2002. PACHECO, Rodrigo (org). Brasília, Senado Federal: Coordenação de Edições Técnicas, 2025.

ROSENVALD, Nelson; NETTO, Felipe Braga. *Código civil comentado*: artigo por artigo. Salvador: Juspodivm, 2020.

ROSENVALD, Nelson; NETTO, Felipe Braga. *Responsabilidade civil:* teoria geral. Indaiatuba: Foco, 2024.

SALOMÃO, Luis Felipe. O anteprojeto de atualização do código civil no Brasil. In: STJ. Disponível em: https://www.stj.jus.br/sites/portalp/Paginas/Comunicacao/Noticias/2025/ArtigoCodigoCivil.pdf. Acesso em: 13 mar. 2025.

SANSEVERINO, Paulo de Tarso Vieira. *Responsabilidade civil no código de defesa do consumidor e a defesa do fornecedor*. 3. ed. São Paulo: Saraiva, 2010.

SCHREIBER, Anderson; TARTUCE, Flávio; SIMÃO, José Fernando; MELO, Marco Aurélio Bezerra de; DELGADO, Mário Luiz. *Código civil comentado:* doutrina e jurisprudência. Rio de Janeiro: Forense, 2019.

SOARES, Flaviana Rampazzo. Dano existencial no direito italiano e no direito brasileiro. In: *Novos danos na pós-modernidade.* BORGES, Gustavo; MAIA, Maurílio Casas (orgs). Belo Horizonte: D'Plácido, 2020.

SOARES, Flaviana Rampazzo; BECKER, Maria Alice. Influenciadores digitais e responsabilidade civil. In: *Migalhas de Responsabilidade Civil.* Disponível em: https://www.migalhas.com.br/coluna/migalhas-de-responsabilidade-civil/397776/influenciadores-digitais-e-responsabilidade-civil. Acesso em: 17 abr. 2025.

STOCO, Rui. *Tratado de responsabilidade civil:* doutrina e jurisprudência. 10. ed. São Paulo: Revista dos Tribunais, 2014.

TARTUCE, Flávio. A reforma do Código Civil: visão geral e metodologia dos trabalhos da Comissão de Juristas. In: *A Reforma do Código Civil*: artigos sobre a atualização da Lei nº 10.406/2002. PACHECO, Rodrigo (org). Brasília, Senado Federal: Coordenação de Edições Técnicas, 2025.

TARTUCE, Flávio. *Responsabilidade civil.* 5. ed. Rio de Janeiro: Forense, 2023.

THEODORO JÚNIOR, Humberto. *Dano moral.* 8. ed. Rio de Janeiro: Forense, 2016.

VENOSA, Sílvio de Salvo. *Código civil interpretado.* 2. ed. São Paulo: Atlas, 2011.